KB081385

전광춘 · 임보영 · 유석균 · 강민아 지음

사람 ── 프로세스 ── 관계

감사란 무엇인가

아모르문디

사람, 프로세스, 관계 — 감사란 무엇인가

초판 1판 펴낸 날 2024년 7월 26일

지은이 | 전광춘, 임보영, 유석균, 강민아
펴낸이 | 김삼수
펴낸곳 | 아모르문디
등　록 | 제313-2005-00087호
주　소 | 서울시 마포구 월드컵북로5길 56, 401호
전　화 | 070-4114-2665
팩　스 | 0505-303-3334
이메일 | amormundi1@daum.net

ISBN 979-11-91040-39-5 03350

머리말

'사람, 프로세스, 관계', 그리고 '건강한 판단, 지식의 축적, 성숙한 인격'.

이 책은 이것들을 키워드 삼아 좋은 감사, 좋은 감사인, 좋은 감사기구란 무엇이냐는 물음을 던지고 그에 대한 답을 찾기 위한 얼개를 그려보려 합니다. 곧바로 채택할 만한 정답은 아닐지라도 독자 여러분이 나름의 답안을 구상해 볼 때 분명 길잡이는 되겠다 싶습니다.

이 책을 펼쳐 보는 이는 어떤 분일까요?

저희 필자들의 바람으로는, 감사부서에 제법 오래 근무했고 이제는 관리자급에 올랐는데 '감사가 뭘까, 왜 하는 것일까, 부서원들에게 무슨 얘기를 할까' 하고 고민하는 분이면 좋겠습니다. 또 얼마 전 감사부서에 덜컥 배치되었는데 '감사가 뭘까, 어떻게 하라는 걸까' 하고 난감해하는 분이면 좋겠습니다. 또 공공감사 부문에서 커리어를 시작하고 싶은 드리머dreamer라면 더 좋겠습니다. 또 우리 기관이 발전하려면 '감사도 달라져야 한다'는 막연하지만 문제의식은 분명한 의사결정 그룹의 한 분이라면 더더욱 좋겠습니다.

이 책은 2018년 이화여대 강민아 교수께서 감사원 감사위원 직을 맡으면서 시작된 공부 모임의 결실입니다. 강 교수께서는 신임 감사위원으로서 지금의 감사제도가 성립된 배경, 감사현장의 실제 모습, 감사원 직원들의 살아가는 얘기를 궁금해하셨고, 저희 필자 네 사람으로 한 달에 한 번쯤 함께 저녁 식사를 하면서 이야기를 나누는 모임이 만들어졌습니다. 언제부턴가 '좋은 감사'라는 모임 이름도 생겼습니다. 시작도 분명치 않고, 횟수를 헤아려 본 적도 없는 모임이지만, '좋은 감사'에 대한 저희의 관심 내지는 의무감, 그리고 우정은 계속 이어지고 있습니다.

저희 필자들이 제법 오랜 기간 나누었던 토론과 메모가 모여 이렇게 한 권의 책이 되었습니다. 그렇게 만들어진 책이기에

밀도 높은 논문보다는 독자 여러분을 청중으로 모시고 여러분을 설득하고 저희 주장을 펼치는 '목소리'에 가깝습니다.

이 책을 통해 독자분들이 공공감사를 바라보는 새로운 관점과 아이디어를 얻으시기를, 이 책이 저마다 서 계시는 그 현장에서 '자신의 관점'을 끌어내는 생각의 도구 내지는 프레임으로 쓰이기를 소망합니다.

좋은 감사, 더 나은 감사를 고민하는 모든 분들께 감사드립니다. 초고를 읽고 진지하고 따뜻하게 의견과 경험을 나누어주신 김성준, 김용진, 김철수, 남궁기정, 문호승, 박경수, 이준재, 임정환, 황상규, 그리고 이름이 빠졌다고 입이 삐죽할 여러 벗들의 웃음이 떠오르는 순간입니다.

2024년 7월
필자들을 대표하여 전광춘

이 책을 읽는 방법

이 책의 초고를 여러 벗들이 읽어 주셨습니다. 막힘없이 잘 읽힌다고들 격려해 주셨습니다. 하지만 독자분들이 '이런 방식으로 읽는다면' 더 빠르고 쉽고 책의 줄기를 잡고 아이디어를 얻으시겠다 싶습니다.

☑ 처음부터 한 줄 한 줄 읽기보다는, 페이지를 무심히 넘기시면서 소제목과 〈그림〉 정도만 훑어보면서 감을 잡으십시오. 소제목만으로도 책의 얼개와 줄거리가 잡힐 것입니다.

☑ 제2장은 이해관계자를 바라보는 관점을 제시한 후, ① 국민 ② 의회 ③ 대상기관 ④ 언론 ⑤ 전문가그룹을 '예시'로 다루

고 있습니다. '예시' 부분은 관심이 가는 항목부터 가볍게 시작하는 것도 좋겠습니다.

☑ 제5장 '프로세스'에서는 공공감사 실무자분들이 반가워할 얘기, 업무에 참고가 될만한 관점과 아이디어가 제시됩니다. 이 책 초고를 읽어 주신 분들이 호평해 주셨습니다. 이 책에서 한 장章만 읽는다면 아마도 제5장입니다.

☑ 찬찬히 읽어나가다가 독자분들이 소속된 곳의 상황과 고민에 맞지 않는 대목을 만나면 자신만의 생각과 개념도를 그려보시길 바랍니다. 바로 여러분이 최고의 전문가가 되는 순간입니다.

차례 ─────────────────────────────────

4장 좋은 감사는 좋은 '사람'이 한다

5장 좋은 감사는 좋은 '프로세스'다

1

감사란 무엇인가?
막막함 그리고 나

1. 이 책의 독자는 누구일까?

이 책을 펼쳐 보는 이는 어떤 분일까요? 저희 필자들의 바람으로는 ──

• 감사부서에 제법 오래 근무했고 이제는 관리자급에 올랐는데 '감사가 뭘까, 부서원들에게 무슨 얘기를 할까' 하고 고민하는 분이면 좋겠습니다.

• 또 얼마 전 감사부서에 덜컥 배치되었는데 '감사가 뭘까, 어떻게 하라는 걸까' 난감해하는 분이면 좋겠습니다.

• 또 공공감사 부문에서 커리어를 쌓고 성장하고 싶은 드리머dreamer라면 더 좋겠습니다.

• 또 우리 기관이 발전하려면 '감사도 달라져야 한다'는 막연하지만 문제의식은 분명한 의사결정 그룹의 한 분이라면 더더욱 좋겠습니다.

√ 독자분은 왜 이 책에 눈길을 주셨을까요?

결국은 '좋은 감사란 뭘까?'라는 고민이겠지요. 독자분이 감사기구에 몸담고 있다면 '우리 감사기구에 있어 좋은 감사는 뭘까?' '어떻게 좀 더 발전할 수 있을까?' '어떻게 하면 신뢰받고 전문성 있고 피감부서에 도움이 되는 감사를 할 수 있을까?'… 등과 같은 물음을 안고 계실 것입니다. 예컨대 ──

- 감사가 가장 효과를 발휘할 수 있는 분야나 기관, 다시 말해 감사 대상에 관한 고민이 있을 수 있습니다.

- 감사의 방법론이나 중점에 관해서, 일례로 업무의 효율성을 높이는 방안을 찾는 감사가 좋을지 아니면 담당자들의 근무자세나 규율을 다잡는 감사가 좋을지에 관한 고민이 있을 수 있습니다.

- 감사관(감사부서 직원)의 자질이 고민일 수도 있습니다. 일부 감사관들의 고압적이고 일방적인 감사태도에 관한 고민이 있을 수 있습니다.

- 감사의 오류, 전문성 부족, 피감부서의 감사에 대한 불신 등의 문제가 있을 수 있습니다.

독자분이 감사기구 밖에 있다면, 예컨대 얼마 전 감사를 받으면서 '감사가 이래서는 안 된다'는 생각을 품게 되셨다면, 역시나 '좋은 감사는 이래야 한다'는, 공공감사가 변해야 할 필요성, 혹은 나아가야 할 방향에 대한 생각과 고민을 안고 계신 셈입니다. 예컨대 ──

• 현실을 모르는 감사가 불만입니다. 규정에 얽매이고 탁상 공론에만 치우친 감사결론이 또 다른 왜곡만 가져온다 싶습니다.

• 감사관들의 점령군 같은 모습, 자기주장만 하는 태도에 감사를 받는 입장으로서는 숨이 막힙니다.

• 큰 그림은 보려 하지 않은 채 지엽적인 문제만 지적하는 감사가 그저 소모적으로 보일 따름입니다.

• 잘한 부분에 대한 언급은 없고 사소한 위반을 침소봉대하는 듯한 모습은 참기 어렵습니다.

√ '만능키'는 없다

이러한 의문과 고민을 풀어줄 시원시원한 답이 있을까요? 이 책이 그 답을 담고 있을까요? 미리 고백하자면, 시원시원한 단 하나의 답은 없습니다.

그렇다면 '사안별'로는 실용적이고 검증된 방안, 모범답안은 있겠지요? 물론입니다. 그동안 감사원을 비롯한 여러 감사기구에서 그리고 전문가들이 연구하고 실무를 통해 다듬어온 방안들과 경험이 있습니다. 그것들을 간추리고 핵심을 모은다면 공공감사의 문제점과 개선방안에 관한 종합판이 가능할 듯도 합니다.

하지만 저희 필자들은 그러한 종합판에 회의적懷疑的입니다. 어떤 방안이 어느 기관에는 들어맞을지라도, 그것이 다른 기관에까지 적용되기는 어렵기 때문입니다.

'공공감사公共監査'라고 보통명사처럼 쓰기는 하지만, 실무나 일상에서 접하는 공공감사는 참으로 다양합니다. 감사를 하는 기관만 하더라도 감사원, 중앙부처의 감사실, 광역자치단체의 감사실, 기초자치단체의 감사실, 공공기관의 감사실 등이 있습니다. 또한 '감사'라는 명칭이나 용어는 쓰지 않더라도, 자료요구 · 현장확인 · 점검 등과 같이 요구받는 쪽에서는 '감사로 느껴지는' 다양한 형태의 직간접적이고 실질적인 감독과 조사들이 있습니다. 그러한 권한을 행사하는 기관 · 부서들이 많습니다.

또한 감사기구가 처한 상황(인력 · 예산, 감사 여건)이나 안고 있는 숙제(감사기구나 소속된 기관, 다시 말해 길동시市* 감사실이나 길동시의 현안)도 다릅니다. 예컨대 국가최고감사기구인 감사원과 기초자치단체인 길동시 감사실의 상황과 숙제가 같을 리 없습니다.

독자분들이 이미지를 그려보시면 좋겠습니다. 언론에 자주 등장하는 감사원을 떠올려 보시지요. 그리고 독자분 고향의 시

---

* 가상의 도시입니다. 독자분들이 속하시거나 익숙한 도시 가운데 하나로 보면 되겠습니다.

청 감사실을 떠올려 보시지요. 두 기관의 감사, 좀 더 구체적으로 '감사하는 방식'이나 '안고 있는 고민'이 같을까요?

공통분모나 비슷한 부분이 많겠지만 '감사원'의 좋은 감사와 '길동시 감사실'의 좋은 감사가 같을 수 없습니다. 예컨대 행정의 비효율을 덜어내는 '제도개선 감사'라는 캐치프레이즈를 생각해 봅시다. 멋집니다. '좋은 감사' 같습니다. 하지만 지금 길동시에서 횡령 사건이 터져 나오고 중견간부의 '갑질' 사건이 연이어 불거지면서 여론의 뭇매를 맞고 있다면 어떨까요?

이러한 상황에서 '제도개선 감사', 예컨대 개개인의 실수나 부당행위보다는 이를 유발하는 잘못된 제도를 찾아내겠다, 제도개선에 주안점을 두고 관계법규를 개정하고 보완하는 데 주력하겠다는 메시지나 방향이 길동시 감사실에 맞을까요? 이러한 상황에서는 일단 기강을 잡는 게 우선이어야겠지요.

또한, 어떤 기관에서는 감사실의 조직과 인력이 탄탄하고 위상이 높습니다. 감사실에 우수 인력이 배치되고 근무한 사람들이 승진도 빠릅니다. 반면에 어떤 기관에서는 감사실이 제대로 일을 하기에는 조직·인력·예산 모든 게 부족하고 감사실이 인기 없는 기피 부서입니다. 이 두 감사실의 고민이 같을까요? 앞의 감사실이 '업그레이드'를 고민 중이라면 뒤의 감사실은 '기본'을 고민하고 있겠지요.

다소 극단적인 가정이지만, 요점은 '좋은 감사'에 대한 답은 기관마다, 상황마다 다를 수밖에 없다는 것입니다.

독자분 가운데 어떤 분은 감사원에, 어떤 분은 중앙부처에, 어떤 분은 광역자치단체에, 어떤 분은 기초자치단체에, 어떤 분은 공공기관에, 어떤 분은 공적인 기능을 담당하는 협회에, 어떤 분은 학계에 계십니다. 접하고 고민하는 감사가 하나일 리 없습니다. 느끼는 문제점과 우선순위도 같을 리 없습니다.

2. 공공감사를 바라보는 2가지 프레임

이렇듯 감사를 하는 기관의 성격과 위상도 다양하고, 각 감사기구의 여건이나 안고 있는 숙제도 모두 다르지만, '좋은 감사'가 무엇인지를 고민할 때 부딪치게 되는 물음의 '밑바닥, 뿌리, 근원' 같은 것이 있다고 저희 필자들은 생각합니다.

'우리 감사기구'를 떠올려 봅시다. 앞으로 '우리 감사기구'라는 표현을 자주 쓸 것입니다. '우리 감사기구'란 독자분들이 근무하고 있는 감사부서일 수도 있습니다. 독자분이 속한 기관 (길동시)의 감사실일 수도 있습니다. 혹은 독자분이 관심을 두고 자주 접하는 감사기구일 수도 있습니다. 요컨대 독자분이 자연스럽게 '우리' 감사기구로 받아들일 수 있는 어느 곳을 떠올리면서 저희들의 얘기를 들어주시길 청합니다.

다시 '우리 감사기구'를 떠올려 봅시다. 우리 감사기구의 문제점을 진단하고 '더 나은 감사', '좋은 감사'를 고민할 때, 떠오르는 여러 생각들이 있습니다. 이러한 생각의 조각들을 간추리고 그 밑바닥으로 내려가 본다면, 그 출발점이 되는 간명한 원천·코어 개념('키워드')이 있다고 저희 필자들은 생각합니다.

그 키워드는 우리 감사기구의 문제점을 진단하고 '더 나은 감사', '좋은 감사'를 고민할 때마다 떠오르는 생각의 원천과 같습니다. 우리 생각이 맞는지, 혹 중요한 것을 놓치지 않았는지 걱정이 될 때 되돌아볼 기준점과 같습니다. 떠오르는 생각들이 가짓수가 많고 어지럽게 느껴질 때, 그러한 생각들의 위치를 잡아 줄 축(수학 시간에 배웠던 X축, Y축)과 같습니다.

그러한 키워드를 구성요소로 삼아 공공감사가 무엇인지, 더 나은 감사, 좋은 감사가 무엇인지를 찬찬히 그리고 체계적으로 생각해 볼 수 있는 '프레임frame'을 만들 수 있습니다. 이 프레임은 공공감사를 논할 때 방향을 잡아주는 '지도map'가 될 것입니다. 공공감사가 무엇인지, 더 나은 감사, 좋은 감사가 무엇인지 고민할 때 생각의 '도구tool', 시야를 열어주는 관점의 '창window'이 되어 줄 것입니다. 필자들의 바람입니다.

원천·코어 개념을 조합해서 일종의 틀, 도형·구조물의 이미지를 만드는 것이기에 프레임이라는 표현이 맞춤하겠다 싶습니다. 또 기획에 관한 문서에서 '프레임(틀)', '프레임워크'가

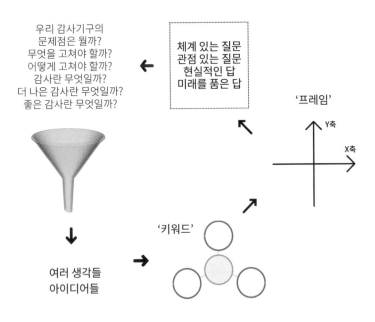

우리 감사기구의
문제점은 뭘까?
무엇을 고쳐야 할까?
어떻게 고쳐야 할까?
감사란 무엇일까?
더 나은 감사란 무엇일까?
좋은 감사란 무엇일까?

체계 있는 질문
관점 있는 질문
현실적인 답
미래를 품은 답

'프레임'

Y축

X축

'키워드'

여러 생각들
아이디어들

〈그림 1-1〉 감사에 관한 물음-생각들-키워드-프레임

일반적으로 쓰이고 있기도 합니다.

지금까지의 이야기를 〈그림 1-1〉로 요약할 수 있습니다.

이 책은 공공감사를 바라보는 2가지 프레임을 제시합니다.

• 하나는, '사람', '프로세스', '관계'를 공공감사를 구성하는
3요소로 보는 프레임입니다.

• 다른 하나는 이해관계자와 감사기구 간의 '기대와 반응'으

로, 다시 말해 '이해관계자'와 감사기구의 상호작용으로 공공 감사를 보는 프레임입니다.

2장부터 좀 더 자세히 설명하겠지만, 여기 1장에서는 잠시 요점을 간추려 보겠습니다. 조금 낯설더라도 앞으로 '이런 얘기를 할 모양이구나' 정도로 가볍게 보아주셨으면 합니다.

2.1. 사람, 프로세스, 관계

실무에서 감사관이 감사를 하고, 감사기구가 일하고 고민하는 모습을 떠올려 봅시다.

- 감사를 하는 '**사람**'이 있습니다. 감사인, 감사관입니다.*
- 감사를 하고, 반론이 제기되고, 심의하는 일련의 '**프로세스**'가 있습니다.
- 하루하루 부딪치며 답해야 하는 이해관계자들이 있고, 우리 감사기구의 현주소와 꿈꾸는 미래가 있습니다. 이는 우리

---

* '감사인'은 감사업무를 수행하는 사람에 대한 일반적, 중립적 호칭으로 이론서에 적합한 표현입니다. 그런데 실무 현장에서는 감사기구·부서의 직원들을 직급 등에 무관하게 '감사관'으로 부르는 경우가 많습니다. 이 책에서는 문맥상 자연스러운 표현을 혼용하였습니다. '감사기구'도 '감사인'에 포함될 수 있겠지만, 이 책에서는 의미를 명확히 하기 위해 구분하였습니다.

감사기구가 바깥과 맺는 **'관계'**라 할 수 있습니다. 이해관계자는 감사기구의 외부라는 측면에서 '공간'적 바깥이며, 미래는 현재 시점에서 앞을 바라본다는 측면에서 '시간'적 바깥이라고 할 수 있겠습니다.

감사에 관한 물음들을 간추리고 그 밑바닥으로 내려가 보면, 결국은 '사람'의 문제, '프로세스'의 문제, '관계'의 문제입니다. 공공감사는 '사람', '프로세스', '관계'라는 세 가지 요소로 구성되며 상호작용하는 과정·모습이라고 볼 수 있습니다. '사람', '프로세스', '관계'야말로 공공감사의 키워드입니다. 이를 필자들은 '공공감사의 3요소'라 부릅니다.

저희 필자들은 이 3요소에 '핵심가치Core Values'와 '보편가치'를 더하여 〈그림 1-2〉와 같이 '2환環 모델'을 제안합니다. 핵심가치는 현시점 또는 특정 시점에서 우리 감사기구가 집중·우선시하는 가치, 일종의 캐치프레이즈catchphrase를 말합니다.

이러한 2환 모델을 통해 우리 감사기구에 맞는 '좋은 감사'가 어떤 감사인지 '질문을 구성'해 볼 수 있습니다. 독자분들이 이 모델에서 관점과 아이디어를 얻으시길, 그것이 바로 저희 필자들의 바람입니다.

- 우리 감사기구의 '사람'에 대해 생각해 봅시다, '프로세스'

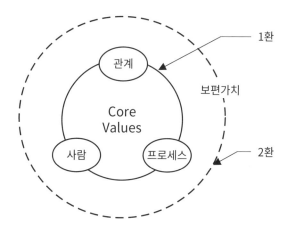

〈그림 1-2〉 공공감사의 3요소와 '2환 모델'

에 대해 생각해 봅시다, '관계'에 대해 생각해 봅시다. 강점과 약점이 보일 것입니다.

● 우리 감사기구의 '핵심가치'에 대해 생각해 봅시다. 현시점의 우선순위를 생각해 봅시다. 그리고 그러한 핵심가치에 비추어 사람, 프로세스, 관계를 다시 생각해 봅시다.

● 그리고 (우리 감사기구가 잠정적으로 답으로 생각하는) 핵심가치와 사람, 프로세스, 관계가 '보편가치' 안에 있는지 비춰 봅시다. 혹, 단기적인 응급처방이나 성과를 높인다는 강박증에 '기관 이기주의'에 빠지고 공공감사의 '근본 가치', '대원칙'(다시 말해 '객관적·독립적 감시자 역할', '적법한 감사 기능 행

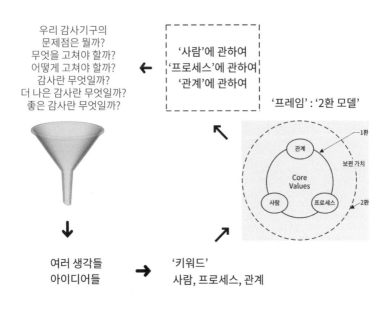

우리 감사기구의
문제점은 뭘까?
무엇을 고쳐야 할까?
어떻게 고쳐야 할까?
감사란 무엇일까?
더 나은 감사란 무엇일까?
좋은 감사란 무엇일까?

'사람'에 관하여
'프로세스'에 관하여
'관계'에 관하여

'프레임' : '2환 모델'

여러 생각들
아이디어들

'키워드'
사람, 프로세스, 관계

〈그림 1-3〉 공공감사를 바라보는 첫 번째 프레임

사', '피감기관 권익 보호' 등)이 가볍게 다뤄지고 있지는 않은
가 숙고해봅시다.

〈그림 1-2〉와 같은 2환 모델을 독자분들이 우리 감사기구의
현주소를 진단하고 미래를 생각하는 프레임으로 써 주시길 기
대해 봅니다. 저희 필자들이 제안하는 공공감사를 바라보는 2
가지 프레임 중 하나가 '사람, 프로세스, 관계'를 키워드로 하
는 '2환 모델'입니다. 이 첫 번째 프레임에 관한 얘기를 요약하
면, 〈그림 1-3〉과 같습니다.

2.2. 이해관계자

이제 두 번째 프레임입니다. 공공감사는 감사기구 홀로 조용히 하는 것이 아닙니다. 모든 일은 이해관계자의 시선과 존재감 아래에서 이루어집니다. 우리 감사기구의 현주소, 문제점을 살펴보고 개선방안을 모색하려 할 때면 여러 물음과 생각들이 떠오릅니다. 이 생각들이 앞에서는 '사람, 프로세스, 관계'라는 키워드와 '2환 모델'(프레임)로 모였다면, 이번에는 '이해관계자'라는 키워드에서 출발합니다.

이해관계자들이 감사기구에 무엇을 기대하는가(기대), 그런데 우리 상황·여건·역량은 어떠하며, 이 조건에서 우리는 어떻게 할 것인가(반응) 하는 '기대와 반응'의 틀로 모입니다.

우리 감사의 이해관계자는 누굴까, 그들은 어떤 특성이 있을까, 우리 감사에 무엇을 기대하는가와 같은 질문을 저희 필자들은 전통적인 '대리인代理人/agent 모델'로 도식화해 보았습니다.(〈그림 1-4〉) 감사인 입장에서 '주인'은 감사결과를 보고받는 자로,

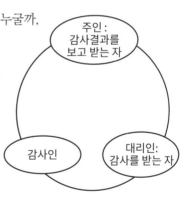

〈그림 1-4〉 대리인 모델 :
감사인 입장에서 주인과 대리인

'대리인'은 감사를 받는 자로 의인화擬人化하면 감사의 다양한 '이해관계자'들이 등장합니다.(〈그림 1-5〉) 국민, 의회, 피감기관, 언론, 전문가그룹 등이 그들입니다.

　저희 필자들은 그들의 '기대'와 감사기구의 '반응', 그 상호작용과 구조를 살펴보았습니다. 예컨대 국민은 ──

　● 감사기구가 의식하는 눈(), 잠재적 폭군, 판단의 원점이라는 '위치'에서,

　● 감사기구가 감사수요에 반응하는 감사를 운영하고, 유용

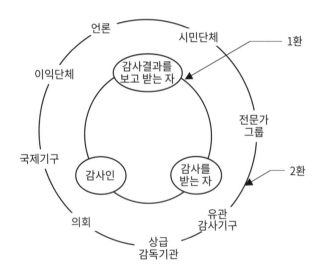

〈그림 1-5〉 대리인 모델을 통해 본 이해관계자들

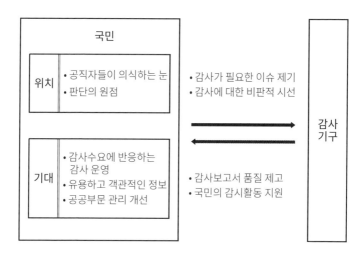

〈그림 1-6〉 사례-국민과 감사기구의 상호작용

하고 객관적인 정보를 생산하고, 공공부문 관리를 개선하는 것
과 같은 '기대'를 갖고 있다고 보았습니다.

• 그리고 이러한 '위치'와 '기대', 감사기구가 '수용하고 대
응'하는 전체적인 구도를 '상호작용'으로 보았습니다.(〈그림
1-6〉은 이를 도식으로 표현한 것입니다.)

필자들의 질문은 '이해관계자들과 어떻게 하면 좋은 관계를
맺을 수 있을까?' '구체적인 방법이 무엇일까?'와는 다릅니다.
저희의 질문은 오히려 '감사가 무엇일까?'라는 것입니다. 감사

를 감사기구 내부의 시각이 아니라, 외부의 시각으로 바라보자는 것입니다. 그러면 감사가 새롭게 보일 것이다, 감사에 관해 생각해 볼 여러 논점이 쏟아져 나올 것이라는 말씀을 드리고 싶습니다.

두 번째 프레임에 관한 얘기를 요약하면, 아래 〈그림 1-7〉과 같습니다.

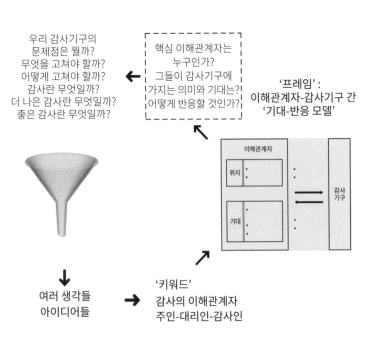

〈그림 1-7〉 공공감사를 바라보는 두 번째 프레임

3. 감사인과 감사기구는 무엇으로 버틸까?

좋은 감사란 무엇일까요? 시험장에서 답안을 쓴다면 아마도 이런 내용을 담아야겠지요. 신뢰받고 전문성이 있으며, 피감기관·부서에 도움이 되는 감사여야 한다, '독립적 제3자의 비판적 검증 및 보고'라는 교과서적 정의*에 충실해야 한다….

저희 필자들은 이러한 모범답안에 '뼈대'를 세우고 '살'을 붙여 보고 싶습니다. 우리가 일하고 살아가는 '일상과 붙어 있는' 얘기를 하고 싶습니다. 좋은 감사가 뭐냐는 물음에 '사람·프로세스·관계'나 '이해관계자'라는 키워드가 감사기구와 감사인이 일하는 모습과 상황을 떠올리면서 나름의 답안 목차를 잡

---

* 공공감사에 관한 대표적인 개념 정의는 다음과 같습니다. 손창동·김찬수, 『공공감사론』(박영사, 2023) 참조.
• "주인인 국민과 대리인인 정부 사이에 존재하는 정보의 비대칭성을 최소화하기 위한 독립적 3자의 비판적 검증 및 보고활동"(Normanton)
• "감사는 그 자체가 목적이 아니라 규제체계의 불가결한 일부분으로서 일반적인 회계기준에서 이탈 여부, 재무관리가 합법성·효율성·효과성·경제성 원칙에 반하는지 여부를 조기에 판단하여, 시정조치, 책임추궁, 배상확보가 이루어질 수 있게 하고 문제 발생을 예방하거나 문제 발생 가능성을 최소화하는 것"(INTOSAI, 세계감사원장회의)
• "법령에 규정된 감사기구가 국민을 대신하여 일정한 기준에 따라 공공행정을 검증하고 바로잡아 공공 책임성을 확보하는 활동"(손창동·김찬수)

고 내용을 채워나가는 데 유용하다고 목청을 높이는 것입니다.

그런데 '사람·프로세스·관계'에서 출발하든, '이해관계자'에서 시작하든 결국은 목표 내지는 지향하는바, 보다 직설적으로는 '손에 잡히는 무엇'이 있어야 하는 것 아닐까요? '좋은 감사기구란 이런 것이다', '좋은 감사인이란 이런 사람이다'라고 보여줄 수 있는 모습이 있어야 하는 것 아닐까요?

잠시, 감사기구를 사람으로, 다시 말해 감사인으로 의인화擬人化해 봅시다. 감사기구와 감사인 모두를 감사인으로 불러봅시다. 그러면 앞의 질문에 대한 답은 아마도 이렇게 시작하겠지요. 능력 있고 전문성 있으며, 열정이 있고 배우려 하고, 도덕적이고 사려 깊고… 여러 덕목이 있겠지요.

저희 필자들은 막연해서는 안 된다고 생각합니다. 바람직한 감사인 '상像'과 이미지를 그려볼 때, 그 논의를 이끌어갈 키워드가 있어야 한다고 생각합니다.

저희가 제안하는 키워드는 세 가지로 '건강한 판단', '지식의 축적', '성숙한 인격'입니다.

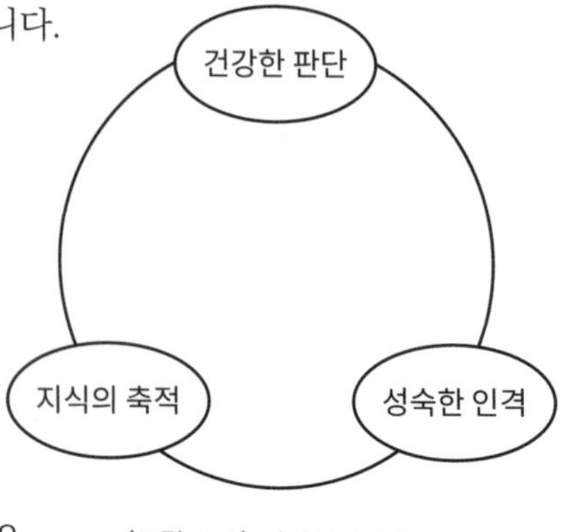

이 세 가지 키워드는 저희 필자들이 감사원 생활을

〈그림 1-8〉 감사인의 지향점

30

통해 배우고 고민했던 내용을 압축하고 있습니다. 직관적으로 떠오른 키워드가 아닙니다. 오랜 기간 토론하고 다듬은 것입니다. 감사원의 감사관으로서 어떤 고민을 하고 살아야 할까? 어떤 감사관이 되어야 할까? 나아가 국가최고감사기구인 감사원은 어떤 모습이어야 할까? 이런 물음에 대한 답이었습니다.

하지만 이 키워드들이 뭐 그렇게 기발하거나 독창적인 것은 아닙니다. 경영이나 혁신과 관련한 굵직굵직한 주제에 대응하는 '감사監査 버전version' 정도가 되겠습니다.

• '건강한 판단'은 의사결정의 원칙과 절차에 관한 얘기입니다. 어떻게 하면 의사결정을 잘할 수 있느냐, 잘못된 의사결정을 피할 수 있느냐는 것이지요.

• '지식의 축적'은 의사결정의 인프라에 관한 얘기입니다. 조직과 구성원들이 의사결정을 잘하고 잘못된 의사결정은 피하도록 '지원하고 기준 역할을 하는' 내부시스템과 콘텐츠를 어떻게 갖추고 보완해 나갈 것이냐는 것이지요.

• '성숙한 인격'은 조직과 구성원들의 문화에 관한 얘기입니다. 조직의 목표와 조직이 처한 환경에 맞는 문화란 무엇이냐, 어떻게 만들 수 있느냐 하는 것이지요.

앞에서 '의사결정', '조직'이라는 딱딱한 용어를 썼습니다만, 일상의 말로 하면 그것은 우리가 직장에서 늘상 하고 겪는 '일'

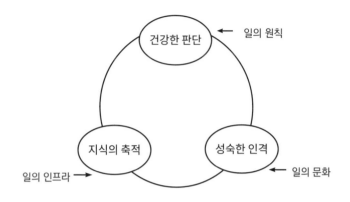

〈그림 1-9〉 경영 · 혁신의 맥락에서 세 가지 키워드

이기도 합니다. 건강한 판단, 지식의 축적, 성숙한 인격은 곧 '일'의 '원칙, 인프라, 문화'에 관한 이야기입니다.(〈그림 1-9〉)

독자분들의 귀가 번쩍 뜨일 만큼 기발하고 새로운 내용도 아니고, 또 어려운 얘기도 아닙니다. 하지만 저희 필자들은 이 세 가지 키워드, '건강한 판단, 지식의 축적, 성숙한 인격'이 감사 기구와 그 구성원들이 스스로를 돌아보고 지향할 가치를 균형 있게 보여주고 있다고 생각합니다.

3.1. 건강한 판단

저희가 고민하고 토론한 내용을 간추리겠습니다. 첫째로,

'건강한 판단'이란 전문감사인으로서 감사 기준과 절차에 따라 합리적인 판단을 해야 한다는 것입니다. 앞으로 4장을 비롯하여 '감사보고서', '감사품질' 등에 관한 논의에서 '건강한 판단'에 대한 필자들의 생각을 직간접적으로 말씀드릴 것입니다.

여기서는 우선 필자들이 '옳은 판단'이 아니라 '합리적 판단'이라고 불렀다는 점을 주목해 주셨으면 합니다. 저희는 '옳고 그름'이라는 이분법적 사고를 경계하고자 합니다. 그보다는 '감사의 한계' 속에서, 우리가 놓치고 있는 부분, 알 수 없는 부분, 다른 시각이 있을 수 있다는 전제하에서, 정답은 아니더라도 '합리적으로' 판단하고자 최선을 다한다는 태도가 옳다고 생각합니다.

3.2. 지식의 축적

두 번째로, '지식의 축적'이란 감사인이 일을 통해 배우고 성장해가는 것을 의미합니다. 그럴 수 있도록 감사기구에서 제도를 설계하고 운영하는 것을 말합니다. 감사를 통해 얻은 경험, 성공과 실패의 경험 모두 체계적으로 축적되고 손쉽게 꺼내볼 수 있어야 합니다. 감사인들의 경험과 지식을 체계적으로 관리함으로써 감사기구의 '자산資産'이 되도록 해야 합니다.

감사를 감사인 개인의 역량과 감感에 맡겨두어서는 안 됩니다. 감사인 개인도 정체되고 감사기구도 발전이 없습니다. 그보다는 감사기구의 자산이라 할 '체계적인 감사지식'에 따라 감사가 이루어져야 합니다.

여기서 특히 '축적'을 강조하고 싶습니다. 감사인 한 사람의 일회성 경험으로 날아가 버려서는 안 됩니다. 차곡차곡 체계적으로 쌓아야 한다는 것입니다. 감사인 개인 차원에서도 쌓아야 하고, 감사기구 차원에서도 쌓아야 합니다. 무엇을 쌓아야 할까요? 뒤에 감사의 전문성이 무엇이냐를 논하면서 비슷한 말씀을 드리겠지만, 감사의 '대상對象'에 관한 것과 감사의 '방법론方法論'에 관한 경험과 지식을 쌓아야 합니다.*

우리 감사기구와 감사보고서가 감사 대상에 대한 전문성을 인정받고 신뢰받을 수 있어야 합니다. 이러한 전문성과 신뢰가 있다면, 감사기구의 감사보고서와 관련 자료는 일회성 지적에 그치지 않고 두고두고 여러 기관과 상황에서 다시 펼쳐지고 참

* 실무적으로는 매뉴얼이나 자료집부터 시작할 수 있습니다. 그 콘텐츠로는 ① 감사 기준과 제도에 관한 것, ② 감사설계와 방법론, ③ 판단·양정에 관한 선례와 해설, ④ 감사보고서 포맷과 선례, ⑤ Q&A집, ⑥ 모범사례집 등을 들 수 있습니다. 이것들은 온라인 문서, 책자 형태 등으로 가까이 두고 손쉽게 열어볼 수 있어야 합니다. 그리고 주기적으로 자주 업데이트되어야 합니다. 예컨대 매뉴얼이라고 하면 그전에 없던 '새로운 것'을 펴내려는 경향이 있는데, 그러다 보니 발간 자체가 엄두가 안 나는 무거운 일이 되고 맙니다. 그보다는 기존 매뉴얼을 업데이트해서 현행화하고 최근의 경험과 해석으로 살을 붙여나가는 것이 더 효과적입니다. 그것이 일종의 '축적'입니다.

조될 것입니다. 감사 실무에서는 특히 감사방법론에 관한 경험이 중요합니다. 재무분석, 법리검토, 조사·확인 등의 방법론은 경험을 통해 점진적으로 발전되는 것입니다. 이 점을 놓치면 감사에 발전을 기대하기 어렵습니다.

3.3. 성숙한 인격

세 번째로, '성숙한 인격'은 감사인이 일을 통해 스스로를 돌아보며 더 나은 인격체를 지향해야 한다는 것입니다. '청렴하고 도덕적이며 아집이 없고…' 감사인의 바람직한 품성과 인격을 들자면 끝이 없겠지요. 공직자에 대한 우리 사회의 눈높이는 날로 높아지고 있습니다. 관행이라고 용인되지 않습니다. 조목조목 굳이 열거하지 않더라도 감사인은 어때야 한다, 혹은 어때서는 안 된다는 외부의 시선은 누구나 느끼고 있을 것입니다.

저희 필자들은 여기서 감히 '도덕군자'를 운운할 생각은 없습니다. 또 모범적인 인격체만이 감사인이 될 자격이 있다고 말씀드리지도 못하겠습니다. 저희 역시 그저 눈치를 보며 조심조심 살아왔고, 후회스럽고 부끄러운 일도 많았던 직장인일 따름입니다.

다만 드리고 싶은 말씀은 두 가지입니다. 하나는 감사인 개인의 몫, 다른 하나는 감사기구의 몫입니다. 감사인 개인의 몫이라 함은 감사를 '자기 삶의 의미를 찾아가는 과정이자 기회'로 여겨야 한다는 것입니다. 감사기구의 구성원들이 자신이 하는 일의 의미를 숙고하고, 일에서 의미를 찾아야 합니다. 자신이 하는 감사가 '어떻게든 가치가 있을 것'이라는 희망과 믿음을 놓지 말아야 합니다. 감사는 상대방이 있는 일임을, 감사의 상대방에게서 배우는 기쁨을 놓치지 않아야 합니다.*

감사는 아이디어와 열정을 쏟는 일이자 권한이기도 하지만, 감사 대상 분야·기관의 기본업무를 주기적으로 확인하고 그에 대해 책임지는 '의무'임을 되새겨야 합니다. 내 삶의 의미를 자문自問하고 추구하기도 하지만, 감사監査라는 일을 통해 삶이 나에게 던지는 물음에 답하는 것 역시 중요하다고 저희 필자들은 믿습니다.

감사인이 위와 같은 지향을 가질 때, 감사기구의 몫은 이를 지지하는 '문화'를 만드는 것입니다. 사람들이 모이면 함께 좋아질 수도, 함께 나빠질 수도 있습니다. 적어도 함께 나빠지면

---

* 이 문단은 '감사에서 삶의 의미를 찾으라'는 고음(高音)으로 시작하고는 문장마다 목소리를 낮추더니 '상대방에게서 배우는' 기회라도 놓치지 말라고 합니다. 불완전하고 결점을 안고 있으면서도 '판단'을 내려야만 하는 감사인의 처지를 알기에 이 문단은 쓰기 어렵고 조심스럽습니다.

안 됩니다. 감사기구는 그 구성원들이 일에서 의미와 보람을 찾을 수 있도록 고민해야 합니다. 무의미와 싸우면서 의미를 찾을 수도 있겠습니다만, 그것은 오롯이 개인의 몫일 뿐입니다. 감사기구는 그 구성원들이 무의미와 싸우는 것은 아닌지, 감사를 계획·설계할 때, 업무를 나누고 역할을 부여할 때, 성과를 평가할 때 늘 고민해야 합니다.

또한 감사기구는 그 구성원 개개인이 하는 감사가 우리 기관과 사회에 도움이 되고, 감사를 통해 자신이 단련되고 배우고 성숙해지는 과정이라는 믿음을 함께 해야 합니다. 직원 개개인의 몸짓을 존중하고, 적어도 손가락질하는 일은 없도록 만들어야 합니다.

4. 이 책은 결국 무엇을 말하려는 것일까?

'감사인監査人'이란 어떤 존재일까요?

이 책은 '좋은 감사'를 위한 고민, 예컨대 오류를 줄이고 감사품질을 높이기 위한 고민을 담고 있습니다. 하지만 감사의 오류 가능성은 끝까지 남습니다. 그렇기에 '자기가 틀릴 수 있음을 인정하는 사람', '감사의 한계를 인식하는 사람', '그럼에도 합리적으로 판단하고자 노력하는 사람'이 바로 저희가 그려보는 '공공감사의 감사인'이라고 감히 강조하고 싶습니다.

공공감사나 행정의 실무 현장에서 자신의 판단을 확신하기 어려운 경우가 많습니다. '정답'을 아예 기대하기 어렵거나, '균형점' 같은 것이 보일 듯 말 듯 한 경우가 많습니다. 그러나 답을 찾아가는 '과정'은 있지 않을까요? 저희 필자들은 '정답'은 없더라도 답을 찾아가는 '과정'은 있을 것이라는 조심스러운 믿음을 품고 있습니다.

요컨대 '메타 질문'을 해보자는 것입니다.* '감사를 어떻게 할 것이냐(이것이 좋은 감사이다)'에서 '(감사를 어떻게 할 것인지, 좋은 감사란 무엇인지) 그것을 **어떻게 결정할 것이냐**'는 질문으로 넘어가 보자는 것입니다.

이 책에서 제안하는 '키워드와 프레임들'이 감사가 무엇인지, 감사인이 어떤 존재인지 고민하는 데 자그마한 팁이라도 줄 수 있기를 기대해 봅니다.

* 여기서 메타(meta)는 '한 차원 높은, ~에 대한'이라는 의미입니다.

2

이해관계자,
감사기구를 비추는 거울

1. '이해관계자'는 왜 중요할까?

1.1. 감사과정과 이해관계자들

공공감사는 행정부 또는 기관 안에서 일어나고 종결되고 마는 일이 아닙니다. 감사계획 수립, 감사 실시, 감사결과 공개, 사후관리 등의 과정에서 감사기구는 다양한 사람·그룹들과 관계하게 됩니다. 이들을 이해관계자라 합니다.

공공감사는 감사기구 홀로 조용히 하는 것이 아닙니다. 이해관계자들의 시선, 존재감 아래에서 이루어집니다. 사전辭典에 나오는 정의를 간추려 본다면 이해관계자는 '어떤 일이나 사건의 이익과 손해에 직접적 또는 간접적으로 관계가 있는 사람' 정도일 것입니다. 이러한 사전적 정의에 비추어 봤을 때 '감사의 이해관계자'는 감사와 관련된 이익과 손해에 직간접적으로 관계가 있는 사람이라고 할 수 있겠습니다.

감사는 감사의 수요를 파악하고, 개별 감사계획을 수립하고, 계획에 따라 감사를 실시하고, 감사결과를 확정하고, 확정된 감사결과를 공개하고, 사후관리를 하는 등의 일련의 과정으로 이루어집니다. 감사의 이해관계자는 이러한 일련의 감사과정과 관련된 감사기구 바깥의 주체들이라 할 수 있습니다. 좀 더 구체적으로 살펴보면 감사기구에 감사의 필요성을 제기하는 자, 감사를 직접 요구하는 자, 감사를 받는 자, 감사결과를 보고받는 자, 감사결과에 따른 조치를 받는 자, 감사결과에 따른 조치에 의해 이익 또는 손해를 보는 자, 감사보고서를 통해 정보를 얻는 자, 감사결과를 활용하여 일을 하는 자 등이 감사의 이해관계자에 해당합니다. 감사과정에 따라 이해관계자들을 살펴보면 〈그림 2-1〉의 예시와 같습니다.

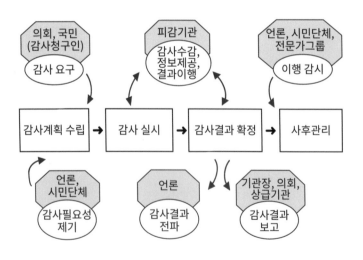

〈그림 2-1〉 감사과정에 따른 이해관계자들(예시)

1.2. 감사기구를 비추는 '거울'

공공감사의 이해관계자에 관해 이야기하는 이유가 뭘까요? 이해관계자는 감사기구가 자신을 비춰보는 '거울'이기 때문입니다.

감사기구의 신년사나 업무계획 등에 자주 등장하는 표현 중 '역지사지易地思之'가 있습니다. 감사를 받는 사람 입장에서 생각해 보고 감사하는 방식과 판단, 감사관들의 언행 및 자세를 살펴보고 개선하겠다는 뜻이지요.* 그런데 '감사받는 사람'에서 범위를 넓혀 '이해관계자' 입장에서 역지사지를 해보면 어떨까요? 이것이 바로 저희 필자들의 문제의식입니다.

이해관계자 입장에서 감사기구가 하는 일을 바라본다면 그동안 감사기구 입장에서 당연하게 여겼던 일들이 새롭게 보일 것입니다. 새로운 관점도 생길 것입니다. 이해관계자는 우리 감사기구가 잘하고 있는지 궁금할 때 꺼내보는 '진단장치'이자 좋은 감사를 고민하는 '출발점'입니다.

---

* 역지사지(易地思之)는 다른 각도에서도 염두에 둘 만합니다. 예컨대 ① 감사계획을 세울 때 이해관계자 입장에서 우선순위를 생각해 본다거나, ② 감사대상 업무를 하는 사람의 입장에서 가상으로 일을 해 보면서 취약점을 떠올려 본다거나, ③ 감사를 받는 사람의 수감 전략을 예상해 본다거나 하는 것입니다.

이해관계자는 '감사란 무엇이냐', '어떤 게 좋은 감사냐'를 숙고하고 토론하는 데 있어 안성맞춤한 개념입니다. 그래서 저희 필자들은 이 개념을 키워드로 삼아 감사에 관하여 손에 잡히고 실질적인 숙고·토론을 할 수 있음을 보여드리려 합니다. '이해관계자와 좋은 관계를 맺기 위해서는 이렇게 해야 한다'는 식의 교과서적인 얘기는 하지 않을 것입니다. 다만, 이해관계자라는 렌즈를 통해 바라보는 것은 곧 공공감사의 본질을 묻는 것임을 보여드리고 싶습니다.

1.3. 공공감사의 발전과 이해관계자

감사로 인해 이익이나 손해를 직접 또는 간접적으로 받는 사람들은 매우 다양합니다. 〈그림 2-1〉의 사람 및 그룹은 대표적인 사례일 따름입니다. 감사과정에서 중점적으로 고려되는 이해관계자는 감사의 발전과 사회 및 행정 여건 등의 변화에 따라 부침을 겪었습니다.

우리나라 최고감사기구인 감사원을 예로 들어보겠습니다. 심계원審計院과 감찰위원회監察委員會가 통합되어 감사원이 설립된 1963년 무렵은 대통령의 강력한 리더십 아래 정부주도의 사회경제 시스템이 구축되던 상황이었고, 감사원도 대통령의 국정 운영 기조를 보좌하는 역할이 중요시되었습니다. 정부와

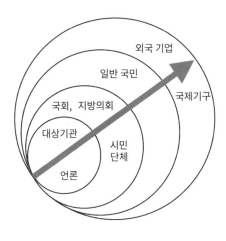

〈그림 2-2〉 이해관계자의 확대

공공부문의 비중이 외형과 실질에서 모두 절대적이었습니다. 이러한 상황에서 감사원의 시선은 자연스럽게 감사 대상기관, 다시 말해 행정과 공공사업을 수행하는 기관과 그 공직자들에게 집중될 수밖에 없었습니다. 감사원 입장에서는 '국가최고감사기구로서' 어떻게 대상기관을 파악하고 설득하며, 감사결과가 잘 이행되도록 할 것이냐가 주요 과제였지요.

　이후 민주화운동, 지방자치제 도입 등을 통해 우리 사회에 국회, 지방자치단체(장), 시민단체 등의 영향력이 커짐에 따라 감사원도 이들과의 관계를 고민하게 되었습니다. 이들의 이해와 지지를 얻어내야 했습니다. 정책의 수요자로서 막연하게 개념상으로만 인식되던 '일반 국민'도 감사보고서의 독자이자 활용 주체로서 감사의 빼놓을 수 없는 이해관계자가 되었습니다. 또한, 최근에는 감사원 감사가 외국의 기업에 직간접적 영향을 미치는 경우가 늘고 있고, 감사원과 다른 나라와의 교류협력도 확대되고 있습니다. (〈그림 2-2〉)

요컨대 예전에는 '대상기관의 입장'에서 생각해 보자는 정도였다면, 이제는 국회, 언론, 시민단체, 학계, 그리고 더 나아가 일반 시민의 입장에서까지 생각해 보게끔 그 폭이 넓어지고 있습니다. 공공감사의 역할과 범위가 점차 커지고, 사회 및 행정 여건도 다층적이고 복잡해짐에 따라 공공감사의 이해관계자 역시 넓어지고 복잡해질 수밖에 없습니다. 또한, 국내로 국한되지도 않습니다. 우리나라의 사회·경제·행정 제도와 공공감사도 국제사회의 요구와 기준을 따라야 함에 따라 외국인들과 국제기구들도 감사보고서의 독자와 이해관계자 범위로 점차 들어오고 있는 것입니다.

√ 공공감사는 이해관계자와 함께 갈 수밖에 없다

공공감사는 종래 정부의 지출행위에 대한 통제적인 감시자監視者 역할에서 한 걸음 더 나아가 정부기관이나 그 활동에 대한 성과를 평가하여 대안을 제시하는 개선자改善者 내지는 컨설턴

트 역할까지 요구받고 있습니다.

공공감사가 이루어지는 일련의 과정, 다시 말해 감사의 계획 수립, 실시, 감사결과 작성, 시행과 사후관리의 과정에서 다양한 이해관계자들을 만나게 됩니다. 공공감사의 역할과 영향력이 확대됨에 따라 더 다양하고 더 많은 이해관계자들과 접하게 됩니다. 그러한 이해관계자들과의 상호작용은 공공감사의 효율성과 수용성을 결정하는 중요 요인이 됩니다.

거버넌스governance의 관점에서도 공공감사와 이해관계자 사이의 건전한 상호작용이 중요합니다. 거버넌스는 국가가 관료제적 통치라는 독점적 지위에서 벗어나 국민, 시장과의 협의와 협력을 통해 사회문제를 해결해야 한다고 봅니다. 거버넌스에서는 다양한 유형의 공식적·비공식적 네트워크와 파트너십을 통한 조정, 구체적 정책영역 내에서의 상호관계, 행위자들 간의 관계와 협력이 중요시됩니다. 특히 최근 주목받고 있는 협력적 거버넌스collaborative governance는 공공정책의 책임성과 수용성을 높이기 위해 각 행위 주체들의 참여 및 파트너십과 그들 간에 자발적이고 수평적으로 형성되는 상호협력에 바탕을 둔 문제해결 방식을 강조하고 있습니다. 기존보다도 한층더 적극적인 이해관계자들의 역할이 요구되는 것입니다.

이러한 거버넌스의 관점을 공공감사에 끌어와 보면, 공공부문의 책임성責任性과 공공감사의 수용성受容性을 높이기 위해 공공감사와 이해관계자 간의 협력, 파트너십은 반드시 고려되어야 할 덕목입니다.

1.4. 리스크와 기회

√ 이해관계자는 감사에 불편한 존재들인가?

이해관계자는 이제 감사기구가 선택적으로 골라잡아 감사에 고려·배려해 주는 그런 존재가 아닙니다. 그렇다고 감사기구를 불편하게 하고 감사과정을 복잡하게 만드는 성가신 존재들로 여겨져서도 안 됩니다.

오히려 감사의 '효율성'을 높여줄 수 있습니다. 이해관계자들은 공공부문의 비효율, 부패 등의 문제가 발생하는 영역을 감사기구가 확인하고 그 문제에 힘을 모으게끔 합니다. 이해관계자들은 왜 감사가 필요한지, 왜 쟁점인지를 감사기구 못지않게, 때로는 더 직접적으로 느끼기 때문입니다.

이해관계자들은 또한 감사결과가 현실에서 이행되는지 피드백하고, 감사결과에 뒤따르는 행정 및 입법적 조치가 제대로 이루어지게끔 '압력'을 제공합니다. 감사기구와 관계기관의 '책임성'을 견인하는 것입니다.

또한, 감사의 '수용성'을 높일 수 있습니다. 감사는 피감기관의 규칙과 절차를 변화시키려는 과정입니다. 그렇게 볼 때, 이해관계자들의 참여, 이해, 지지 없이는 감사의 성과나 효과도 기대하기 어렵습니다.

요컨대 이해관계자의 존재는 공공감사의 질質과 수용성을 높이는 데 결정적입니다.

그러나 이해관계자는 감사에 부정적인 영향을 미치기도 합니다. 이해관계자들의 의견 표출이 격해지면 감사인이나 감사팀이 이를 통제하거나 적절히 대응하기가 어려워집니다. 때로는 이해관계자의 강력한 반발이나 이의제기로 인해 감사가 제대로 진행되지 못하거나 무산될 수도 있습니다.

또한 이해관계자는 감사의 독립성과 중립성을 해칠 수도 있습니다. 감사는 공공정책·사업을 대상으로 하기에 감사 대상 기관뿐만 아니라 감사 대상이 되는 정책·사업과 관련된 이해관계자들이 있습니다. 이러한 이해관계자들은 저마다의 입장과 주장이 있기 마련입니다. 그러다 보니 균형 잡힌 토론과 합의 과정을 거치지 못한 채 일방적인 주장과 요구가 표출되는 경우도 많습니다. 이해관계자들의 요구에 감사가 필요 이상의 영향을 받고 중심을 잃을 때 감사의 권위와 정당성, 개선 대안을 제시하는 기능도 흔들리게 됩니다.

감사와 이해관계자의 관계는 그 적정 여부에 따라 감사의 기능을 강화하기도 하고, 감사 진행을 어렵게 하거나 독립성과 중립성을 위협하기도 합니다. 그렇기에 감사가 대상기관의 회계와 직무를 감시하고 공공부문의 책임성을 확보하며 감사의 질을 높이기 위해서는 이해관계자들에 대하여 깊이 있게 이해할 필요가 있습니다. 이번 감사의 이해관계자가 누구인지, 그들이 무엇을 바라는지, 어떤 특성이 있는지, 그들과의 관계에서 무엇을 조심해야 하는지, 그들의 협력을 어떻게 끌어낼 수 있는지 등에 관하여 감사 프로세스 내내 고민해야 합니다.

√ 이해관계자를 감사품질과 신뢰도를 높이기 위한 원천, 협력의 상대로 보면 어떨까?

이해관계자는 감사 또는 감사인과 상호작용합니다. 감사기구가 이해관계자를 의식하고 영향을 받기만 하는 것이 아니라, 감사도 이해관계자들에게 영향을 줍니다. 이해관계자들의 기대와 요구사항이 감사에 반영되는 한편, 이해관계자들이 감사기구와 감사결과의 영향력 및 효과를 높이는 계기와 통로가 되기도 합니다. 이러한 협력 관계를 통해 감사가 발전하는 것입니다. 이러한 점을 고려하여 감사기구 및 감사인과 이해관계자가 맺는 관계의 원칙 내지 방향을 세워볼 수 있습니다.

- (전제) 감사의 '독립성'이 훼손되지 않는 범위 내에서
- (목표) 이해관계자들의 기대를 파악하고 반응함으로써, 감사과정 전반의 품질과 감사의 수용성을 높일 수 있도록
- (방법) 상호작용하는 것입니다. (〈그림 2-3〉)

√ 이해관계자를 놓치면 리스크가 된다

이해관계자는 리스크 관리 측면에서도 중요합니다. 부정적인 의미로 오해하지 않았으면 합니다. 이해관계자를 리스크로 본다는 뜻이 아닙니다. 감사의 질과 수용성을 높이려고 하는데, 그것을 갉아먹는 리스크를 뜻합니다. 이해관계자를 고려하지 않거나 제대로 수용하지 않을 때 감사의 질과 수용성이 떨어질 수 있다는 의미입니다.

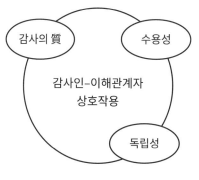

〈그림 2-3〉 상호작용의 연결 고리

2. 어떤 이해관계자들이 있는가?

2.1. 감사의 대리인 모델

길동시市라는 가상의 도시를 놓고 일종의 사고실험思考實驗을 해봅시다. 길동시장市長이 추진한 어떤 정책이나 사업에 대해 감사원 감사를 받게 된다면 길동시장은 감사원의 감사 대상이 됩니다. 이때 길동시장은 감사 대상기관의 위치에서 감사를 받고 감사결과를 이행하는 역할을 맡게 됩니다. 그리고 감사에 대해 적극적으로 해명하거나 수감 부담에 대해 문제를 제기하는 등 방어적 입장을 취할 가능성이 큽니다.

이번에는 위의 길동시의 정책이나 사업에 대해 길동시장이 길동시 감사실로 하여금 감사를 하도록 하는 경우를 생각해 봅시다. 이때 길동시장은 감사의 한 주체로서 감사를 실시하고 감사결과를 보고받는 위치가 됩니다. 이 경우 길동시장은 감사가 필요하다고 느끼게 된 발단이나 계기, 예컨대 어떤 의혹을 조사하고 책임소재를 밝히는 데 적극적일 것입니다. 같은 길동시장이지만 감사를 '받는' 위치냐, '하는' 위치냐에 따라 입장이나 주장이 전혀 다를 수 있다는 얘기입니다.

아마도 '대리인 이론agent theory'에 대해 들어보셨을 겁니다.

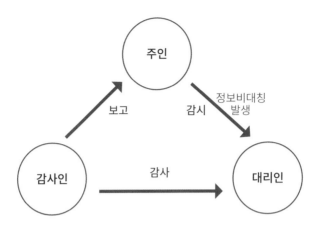

〈그림 2-4〉 감사의 대리인 모델

〈그림 2-4〉에서 보듯 대리인 이론은 감사를 '주인principal'과 대리인agent 간의 정보 비대칭성information asymmetry을 최소화 하기 위한 활동'으로 봅니다. 주인이 대리인에게 일을 맡긴 후 대리인이 실제로 어떻게 일을 하는지 제대로 알기 어려운 상황 에서 객관적 제3자(감사인)로 하여금 살펴보도록 한다는 것입 니다. 전문성이 낮은 주인이 정보의 비대칭성 해소를 위해 전 문성이 높은 제3자인 감사인을 통해 대리인의 직무와 성과를 감시한다는 개념이지요.

　그림의 세 꼭짓점에는 주인, 대리인, 감사인이 있습니다. 주 인은 대리인에게 일, 구체적으로는 기관·업무·체계 등을 맡기는 사람이며 그 결과물을 받는 사람입니다. 대리인은 주인으로부터 권한을 위임받아 정책·사업 등을 수행합니다. 감사인은 주인의 요구에 따라 대리인의 직무와 성과 등을 감사하여 주인에게 보고합니다. 바로 이러한 주인-대리인-감사인이 가장 기본적인 감사의 이해관계자들입니다.

2.2. 주인-대리인-감사인

대리인 모델을 가지고 좀 더 구체적인 사고실험을 해 봅시다. 대리인 모델의 세 꼭짓점에 해당하는 감사의 이해관계자들을 떠올려 봅시다.

- 우선 '주인'의 자리에는 국민, 의회 등이 놓일 수 있겠지요.
- '대리인' 자리에는 국민으로부터 행정 권한을 위임받아 정책·사업 등을 수행하는 중앙행정기관, 지방자치단체, 공공기관과 그 소속기관이 놓입니다.
- 이제 '감사인' 자리에는 이들의 회계와 직무 등을 감사하는 감사원, 자체감사기구 등이 놓입니다. (〈그림 2-5〉)

다시 길동시로 돌아가, 길동시가 국고보조금과 시 자체수입을 재원으로 노인복지사업을 하고 있다고 가정해 봅시다.

- 감사원에서 이를 감사하는 상황이라면, 당연히 '감사인'은

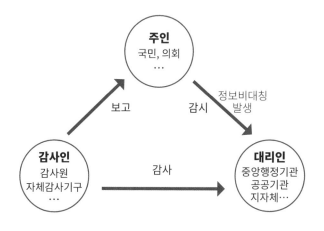

〈그림 2-5〉 대리인 모델의 등장인물들

감사원입니다. 길동시장은 정부와 지방의회, 더 크게는 국민으로부터('주인'으로부터) 권한을 위임받아 노인복지사업을 수행한 '대리인'으로서 감사를 받는 자리에 위치합니다.

• 반면에 길동시장이 길동시 감사실에 감사를 하도록 하면 길동시장은 '주인'의 위치에 (엄밀히 말하면 '시민을 대표하는 자'로서) 서게 됩니다. '대리인'은 길동시의 노인복지사업 관련 부서가, '감사인'은 길동시 감사실이 되겠지요.

• 길동시 감사실의 경우 감사원 감사를 받게 되면 길동시장과 함께 길동시청의 일원으로서 '대리인' 자리에 서게 되고, 길동시장의 지시를 받아 감사를 하게 되면 '감사인'이 됩니다.

• 길동시 의회는 길동시장에게 감사를 요구하여 그 결과를 보고받게 되면 '주인'의 자리에, 직접 길동시를 감사하게 되면 '감사인'이 됩니다.

이처럼 상황에 따라 길동시장, 길동시 감사실 등의 위치나 입장은 달라집니다. 길동시장을 예로 들어보면 〈그림 2-6〉과 같습니다.

한편, 감사를 수행하거나 받지도 않으면서, 다시 말해 감사

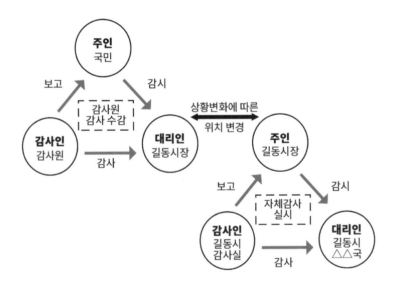

〈그림 2-6〉 감사를 '받을 때'와 '할 때'의 길동시장의 위치

의 주체도 대상도 아니지만 감사로 인해 직간접적 영향을 받는 이해관계자들이 있습니다. 감사결과에 따라 자신들이 속한 단체·커뮤니티가 이익 또는 손해를 보게 된다거나, 감사결과로부터 정보를 얻거나 이를 활용하는 다양한 그룹이 있을 수 있습니다. 언론, 시민단체, 이익단체, 전문가그룹 등이 바로 그들입니다. (〈그림 2-7〉)

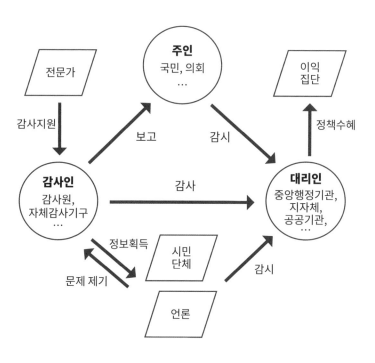

〈그림 2-7〉 '주인-대리인-감사인' 바깥의 이해관계자들

√ 대리인 모델은 주인-대리인-감사인 관계를 통해 감사의 핵심을 선명하게 보여준다

잠시 정리해 봅시다. 대리인 모델에 대해 왜 이렇게 길게 설명하고 있는 것일까요? 대리인 모델은 주인-대리인-감사인이라는 관계를 통해 감사의 핵심을 선명하게 보여주기 때문입니다.

대리인 모델을 '렌즈' 삼아 감사가 이루어지는 상황을 상상해 봅시다.

● 길동시 감사실 직원으로서 사업부서에 대해 감사를 하는 상황이라면, 자신은 감사인의 자리에 서게 됩니다. 그 상황에서 '주인과 대리인은 누구지?' 하고 물음을 던져보자는 겁니다.

● 그러면 주인 자리에는 우선 길동시장이 떠오르겠지요. 그러고 나서는 길동시의원들이 떠오르고, 나아가 길동시민들이 떠오르겠지요.

이러한 생각은 길동시 감사실 직원의 '한정된 시야'를 바꿔놓을 것입니다. 길동시 감사실 직원이 아닌 '주인'의 입장에서 좋은 감사, 좋은 감사보고서가 무엇일까라는 고민으로 이어질 것입니다. 이어져야 합니다.

감사실은 감사를 자기 권한으로 생각하기 쉽습니다. '감사는 우리들의 권한이고 우리들의 세계'라는 식의 생각이나 문화에 빠질 수 있습니다. 그러나 대리인 모델의 의미와 가치를 제대로 안다면, 주인과 대리인 자리에도 자신을 놓아볼 수 있습니다.

- 감사가 감사실의 권한이 아니라 주인으로부터 받은 임무 내지는 의무라는 생각도 하게 될 것입니다.
- 대리인 모델에 비춰본다면, 피감기관은 감사실의 '을'이 아니라 주인을 대리하여 '일을 하는 사람'으로서 존중을 받아야 하고 또 책임을 져야 하는 존재가 됩니다.
- 그리고 판단은 감사실이 아니라 결국은 주인의 관점에서 이루어져야 한다는 고민에 다다를 것입니다.

이렇게 대리인 모델은 공공감사를 바라보는 출발점이자 관점을 줍니다. 〈그림 2-8〉처럼, 감사인은 감사결과를 보고 받는 사람을 '주인'으로, 감사를 받는 사람을 '대리인'으로 보면서, 감사인 자신이 하는 일의 맥락과 의미와 이해관계를 살펴볼 수 있습니다.

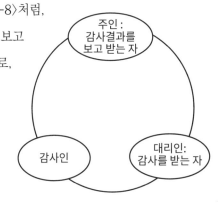

〈그림 2-8〉 감사인 입장에서 주인과 대리인

2.3. 이해관계자 '2환 모델'

앞서 보았듯, 주인-대리인-감사인이 고정된 것은 아닙니다. 중앙행정기관, 지방자치단체, 공공기관 등은 상황에 따라 대리인 자리에 있을 수도 있고 감사인 자리에 위치할 수도 있습니다. 또한 주인-대리인-감사인 이외에도 더 다양하고 복합적인 이해관계자들이 있습니다. 대리인 모델의 확장이 필요합니다.

이에 다음 〈그림 2-9〉와 같은 모델을 제시해 봅니다. 교과서에 나오거나 하는 모델은 아니고, 저희 필자들의 경험과 토론에서 나온 일종의 '시안試案'입니다.

이 모델은 기존의 주인-대리인-감사인을 '1환'으로 보는 한편, 언론, 시민단체, 전문가그룹, 유관 감사기구, 상급 감독기관, 의회 등을 '2환'으로 보는 직관적인 모델입니다. 전통적인 대리인 모델에서는 국민을 주인으로 보았습니다. 그런데 국민은 실체가 분명하지 않고 실무에서는 다루기 어려운 추상적인 개념입니다. 2환 모델에서는 국민을 보다(상대적으로) 구체적인 개념으로 나누어 1환과 2환에 함께 배치합니다.

누차 말씀드렸듯, 각 자리에 위치하는 사람이나 기관이 고정된 것이 아닙니다. 〈그림 2-9〉에서는 의회를 2환에 두고 있는데, 만약 어떤 감사가 지방의회의 요구로 착수되었고 지방의회에 감사결과를 보고해야 하는 상황이라면 의회는 1환의 '주인'

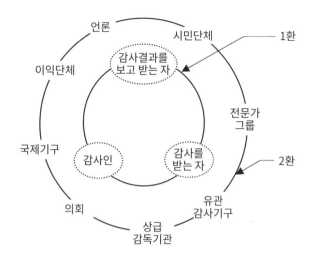

언론   시민단체 ─── 1환

감사결과를
보고 받는 자

이익단체

전문가
그룹

국제기구

감사인   감사를
받는 자 ─── 2환

의회

유관
감사기구

상급
감독기관

〈그림 2-9〉 대리인 모델의 확장, '2환 모델'

자리에 위치하게 됩니다. 대리인 모델('1환 모델')이나 '2환 모델' 모두 구상을 위한 틀입니다. 사고실험을 위한 틀입니다. 이틀의 각각의 자리에 누가 놓이는지를 생각해 보자는 것입니다.

√ 왜 2환 모델인가?

앞서 대리인 모델은 '감사가 무엇이냐, 좋은 감사란 무엇이냐'를 생각해 보는 출발점이 될 수 있다고 하였습니다. 2환 모델도 마찬가지입니다. 2환 모델은 대리인 모델보다 더 구체적

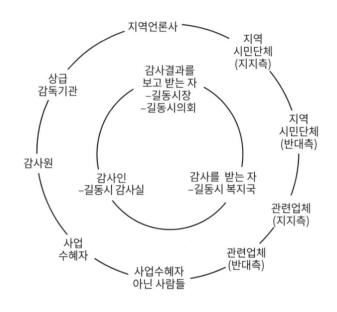

지역언론사

지역
시민단체
(지지측)

상급
감독기관

감사결과를
보고 받는 자
-길동시장
-길동시의회

지역
시민단체
(반대측)

감사원

감사인
-길동시 감사실

감사를 받는 자
-길동시 복지국

관련업체
(지지측)

사업
수혜자

사업수혜자
아닌 사람들

관련업체
(반대측)

〈그림 2-10〉 길동시 감사실과 이해관계자들

으로 고민하는 틀이 될 것입니다.

　이 책은 감사인들을 독자로 상정하고 있지만 위 2환 모델의 여러 이해관계자들도 이 책의 독자가 되어주시길 기대합니다. 쟁점이 되는 감사, 관심을 받는 감사가 있다고 생각해 봅시다. 그리고 각자의 상황에서 2환 모델의 빈칸을 채워볼 수 있을 겁니다. 〈그림 2-10〉은 길동시 감사실의 입장에서 2환 모델의 칸들을 채워 본 것입니다.

이와 같이 이해관계자의 관계도를 그려보는 것은 어떻게 하면 감사의 신뢰도를 확보하고 설득력 있는 감사보고서를 작성할 수 있을까를 고민하는 출발점이 될 수 있습니다. 시장만 바라보는 감사, 지지그룹만 바라보는 감사, 반대그룹만 의식하는 감사… 모두가 신뢰를 얻을 수 없습니다.

예컨대 길동시 감사실이 대리인 모델 내지 2환 모델에 따라 자신의 위치와 이해관계자를 인식하고 상호작용하려 한다면 감사 대상 업무(예컨대 노인복지사업)가 보다 입체적으로 보일 겁니다.

- 길동시 감사실 바깥으로 나와 다른 위치, 다른 시각에서 (예컨대 중앙감독기관의 시각에서) 노인복지사업을 바라볼 수 있습니다.

- 길동시 감사실이 감사를 받는 위치에 자신을 놓아볼 때, 길동시 감사실은 피감기관의 입장에서 감사에 대한 비판적 시각을 가질 수 있습니다. 감사방식이 과도한 거 아냐? 감사가 본질을 놓치는 거 아냐 등등이 그것입니다. 바로 그 시각에서 자신의 감사를 바라볼 수 있을 것입니다. 길동시 감사실의 감사 절차와 방법론, 문화를 되짚어 볼 수 있을 것입니다.

- 무엇보다도 길동시 감사실의 감사보고서의 독자가 누구인지 생각해 보는 것으로도 전혀 다른 출발이 됩니다. 시각, 입장, 이해도가 전혀 다른 그룹이 모두 우리 감사보고서를 읽는다고

생각하면, 감사보고서가 어떻게 쓰여야 하는지 많은 고민을 할 수밖에 없습니다. 이 주제는 5장에서 자세히 다룰 예정입니다.

√ 이해관계자와의 상호작용이란 어떤 의미일까?

지금까지 주로 감사기구 입장에서 이해관계자가 왜 중요한지, 그리고 이해관계자들을 파악하고 위치 짓기 위한 방법론으로서 대리인 모델과 그 확장인 '2환 모델'을 살펴보았습니다. 이 모델들이 감사가 무엇인지, 어떤 감사가 좋은 감사인지를 생각해 보는 틀이 될 수 있다는 점도 말씀드렸습니다. 그리고 이해관계자를 감사기구가 피하거나 대처해야 할 존재라기보다는 감사의 품질과 신뢰도를 높이기 위한 원천이자 협력 상대로 볼 것을 말씀드렸습니다. 감사기구와 이해관계자의 '상호협력'이라는 새로운 관점을 제안 드렸습니다.

이제 이해관계자들과의 관계를 하나하나 살펴봐야겠습니다만, 이들은 너무도 다양합니다. 범주에 따라 몇 개 그룹으로 묶어본다 하더라도 그룹 속의 하나하나는 또 서로 많이 다를 것입니다. 이 자리에서 모두 다루기는 버겁습니다. 저희 필자들이 직관을 발휘하여 독자 여러분들이 참조할 만한 '생각의 틀' 내지 '들여다볼 렌즈'를 제시하는 것을 목표로 삼아 보겠습니다.

주요한 이해관계자들을 중심으로, ① 국민, ② 의회, ③ 대상기관, ④ 언론, ⑤ 전문가그룹, 이렇게 다섯 상대방을 살펴보겠습니다. 이해관계자 별로 감사에 대한 기대, 통상적인 역할과 한계, 감사의 질과 수용성을 높이기 위한 바람직한 상호작용에 관해 이야기해 보고자 합니다.*

3. 국민: 감사인 잠재의식 속의 눈, 판단의 원점

3.1. '가능성', '가상의 인격체'로서의 국민

공공감사의 이해관계자로서 국민이란 어떤 존재일까요? 너무 포괄적이고 두루뭉술한 것 아닐까요? 하나의 개념·개체로 다루려면 단일함이 있어야 하는 것 아닐까요? 성별, 나이, 지역, 빈부 등에 따라 너무도 다양한 스펙트럼·그룹이 있는데, 국민을 어떻게 이해관계자의 하나로 다루겠다는 것인가요? 무엇보다도 국민 중에는 특정한 감사로 이익을 보는 사람도 있고 손해를 보는 사람도 있을 텐데, 다시 말해 이해관계가 같지 않

---

* 이어지는 5개 항목을 찬찬히 읽어보시면 좋겠습니다만, 분량이 제법 많은 만큼 관심이 가는 항목의 소제목부터 가벼운 마음으로 살펴보는 것도 좋겠습니다. 내용 하나하나보다는 필자들이 이해관계자를 어떻게 개념 잡고 '거울'로 삼아 생각을 전개해 나가는지에 주목해 주시면 좋겠습니다.

을 텐데 어떻게 하나의 이해관계자 그룹으로 볼 수 있을까요?

맞습니다. 하지만 여기서 국민을 이해관계자로 설정하는 데는 이유가 있습니다. 위와 같이 포괄적·복합적 개념에도 불구하고, 국민은 공직자들의 판단 준거가 됩니다. 공직자들의 의식 저변에는 '국민을 위한다'는, '국민이 주권자'라는, '국민이 최종 판단자'라는 믿음·공감대가 있습니다. 우리나라라는 공동체가 지향하는 '공통분모로서의 인격체'가 있습니다. 이것이 바로 공직자들의 의식을 지배하는 국민입니다. 여성이든 남성이든, 부자든 가난하든, 출신 지역이 어디든, 학력이 높든 낮든, 좌든 우든… 공통적으로 지향하고 공감하는 우리 사회의 모습이 있다고 할 때, 그러한 가상사회의 구성원이 국민입니다.*

√ 언제 어디서나 지켜보는 눈

국민을 공직자들이 비춰보는 '거울'로 비유하고 싶습니다. 공직자는 국민이라는 거울에 비춰본다는, 비춰봐야 한다는 것입니다. 또는 '빅브라더Big Brother'라고 비유하고 싶습니다. 어

---

* 이 부분이 '전체주의', '국가주의', '이상향' 등으로 비약되지 않았으면 좋겠습니다. 본문의 '가상사회'는 공공부문에 몸담고 있는 평균적인 직장인이 가질 법한 '하한선으로서의 기대치' 정도를 염두에 둔 소박한 담론입니다.

디에나 있는 눈이어서 공직자들의 마음과 행동을 들여다본다는 것입니다.

조금은 낯설게 느껴질 수도 있겠습니다만, 필자들은 국민을 가상의 인격체로, 거울이자 어디에나 있는 눈과 같은 존재로 정의해 보았습니다. 국민은 정책의 최종 수요자인 동시에 정책을 감시하는 역할을 합니다. 특히, 어떤 이슈에 관심과 이해를 같이 하는 사람

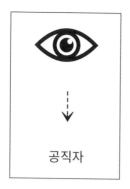

〈그림 2-11〉 공직자가
의식하는 국민의 눈

들의 힘은 감사를 하는 계기가 되기도 하고 감사에 구체적인 재료input가 되기도 하며 감사결론의 방향을 잡아주기도 합니다.

하지만 대리인 모델이 보여주듯, 국민은 정책을 수행하는 기관이나 감사인에 비하면 정보가 부족합니다. 국민은 행정의 주체가 아니라 대상의 자리에 있을 뿐입니다. 이렇게 국민은 (논리 전개상) 행동의 주체에 이르지는 못하지만, 공직자들이 사고하고 행동하는 준거로서 가장 높은 위치에 있다고 하겠습니다.

3.2. 국민이 감사에 거는 기대

국민은 공공감사가 자신들이 확인하지 못한 공공부문의 문제점을 발굴하여 개선하기를 기대합니다. 언론 보도 · 시위 등

을 통해 목소리가 분명히 들릴 때도 있지만, 바다 깊은 곳에 있는 듯 겉으로는 조용한 경우도 있습니다. 그렇지만 의식 있는 공직자라면 '느낌'이 있을 것입니다. 의식 있는 공직자라면 목소리가 들려올 때나 그렇지 않을 때나 자신을 바라보고 있는 '다중多衆의 눈'을 느낍니다. 그러한 힘이 구체적으로 형태를 갖추면 단체가 되고 정보가 되고 대안이 됩니다.

국민은 자신들의 요구사항을 감사에 적절히 반영할 수 있는 체계가 마련되기를 바랍니다. 국민은 정책 등을 직접 수행하는 주체가 아니기에 정책 등에 문제의식이 있더라도 해당 정책 등을 직접 조사하거나 수정하거나 개선조치를 할 수 없습니다. 기득권과 관성에 사로잡혀 고치려고 하지 않는 기관(대리인)과 국민이 충돌할 때 감사가 소환되는 것입니다.

국민은 감사가 공공부문의 실태에 대한 정확하고 명료한 정보를 전달해 주기를 기대합니다.

3.3. 기대와 반응의 상호작용을 향한 이슈

감사기구가 국민의 기대에 부응하려면 구체적으로 어떻게 해야 할까요? 너무 거창한 질문인가요? 그러면 물음을 이렇게 바꿔봅시다. 어떻게 하면 자신(감사기구, 감사인)을 바라보는 어디에나 있는 눈 밑에서 '저희도 최선을 다하고 있어요'라고

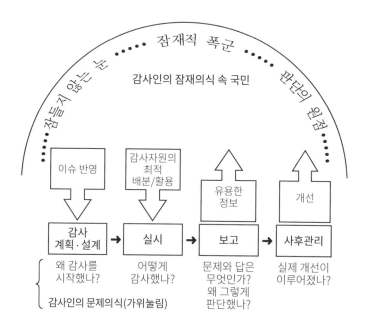

잠재적 폭군

감사인의 잠재의식 속 국민

잠들지 않는 눈

판단의 원점

이슈 반영	감사자원의 최적 배분/활용	유용한 정보	개선
감사 계획·설계	실시	보고	사후관리
왜 감사를 시작했나?	어떻게 감사했나?	문제와 답은 무엇인가? 왜 그렇게 판단했나?	실제 개선이 이루어졌나?

감사인의 문제의식(가위눌림)

〈그림 2-12〉 공공감사와 국민의 관계

말할 수 있을까요?

〈그림 2-12〉는 감사 프로세스에 따라 차근차근 답을 적어보기 위한 모델, '시안적 개념도'입니다. 독자분들이 '잠들지 않는 눈', '잠재적 폭군', '판단의 원점'으로서 국민을 의식하면서 그 아래 '가위눌림'을 당한다고 상상해 보셨으면 합니다. 그러고 나서 감사 프로세스마다 따라붙는 심문·힐난을 떠올려 보셨으면 합니다. 또 위치를 바꿔 국민의 입장에서 감사기구에

물음을 던져 보셨으면 합니다.*

〈그림 2-12〉 아래쪽에는 감사인이 부딪치게 될 물음들이 예시되어 있습니다. 이러한 질문이 떠오른다면, 그에 대해 어떻게 반응해야 할 것인지에 대한 생각도 이어지겠지요. 대표적인 몇 가지를 정리하면 아래와 같습니다.**

■ 감사계획 수립에 국민의 기대 · 요구를 반영

감사계획 수립 단계에서 국민의 의견을 반영하는 것이 중요합니다. 감사의 수용성을 높이고 감사의 질을 높이는 출발점이기 때문입니다.

감사계획 수립은 객관성과 체계성이 요구됩니다. 그리고 그 사유를 설명할 수 있어야 합니다. 연간 감사계획을 세우고, 어

---

* 이 책은 감사기구 · 부서에 근무하시거나 그곳을 염두에 두신 분들을 '가상의 독자 · 청중'으로 삼고 있습니다. 저희 필자들도 그와 같은 독자 · 청중의 위치에서 사고실험을 펼쳐나가고 있습니다. 그와 같은 독자 · 청중의 입장에서 크고 무겁게 다가오는 '국민의 존재감'을 '잠들지 않는 눈', '잠재적 폭군', '가위눌림'으로 표현한 것입니다. 앞으로 이어질 의회, 대상기관, 언론, 전문가그룹에 대한 표현도 이런 맥락에서 이해해 주셨으면 합니다.
** 거듭 말씀드리지만, 저희 필자들은 정답을 드리려는 것이 아니라, 모델에 따라 묻고 답하는 과정을 예시적으로 보여드리고 있습니다. 다소 큼직한 물음과 원론적인 답변을 적었습니다만, 독자분들은 안고 있는 숙제와 상황에 따라 보다 구체적인 물음과 답을 떠올려 보길 기대해 봅니다.

떤 기관이나 이슈를 감사 대상으로 선정하고, 연중 발생하는 감사수요를 반영하는 일이 감사 '실적'이 나오겠느냐는 계산이나, 그때그때의 분위기와 시류에 휩싸여서는 곤란합니다. 감사는 감사기구의 권한이기도 하지만 '의무'이기도 하기 때문입니다. 일례로 감사실적이 안 나올 것 같은 기관·이슈더라도 미리 정해둔 주기에 따라 감사를 하는 것이 감사기구의 기본업무, 의무입니다. 반면에 예민하고 복잡해서 피하고 싶고 미뤄두고 싶은 기관·이슈라 하더라도 그럴 수 없는 것이 감사기구의 존재 이유이기도 합니다.

좀 전에 '설명할 수 있어야 한다'고 했는데, 어떤 기관이나 이슈를 감사 대상으로 선정하고 감사의 중점·방향을 잡는 데 중요한 요목이라 하겠습니다. 국민에게 '설명할 수 있는지' 자문해 보자는 것입니다. 왜 감사를 하는지, 왜 감사를 안 하는지를 설명할 수 있겠느냐는 것입니다.

국민의 의견을 체계적으로 반영하게 되면 감사기구가 공공부문의 잠재적인 문제점들을 놓치는 일이 줄어들 것입니다. 또한 감사기구가 중요하고 어려운 문제들은 피한 채 부담 없고 경험 있는 감사에만 안주하려는 관성에서 벗어나게 할 것입니다.

감사계획 수립 단계에 국민이 참여하는 방안으로는 대표성 있는 위원회 등을 구성하여 연간 감사계획 수립시 제안을 반영하는 방법, 일정 자격·요건을 갖춘 개인·단체 등이 상시 감사

요구를 할 수 있도록 관련 창구·절차를 운영하는 방법 등이 있습니다.

■ 비판적 시선을 수용하여 감사 절차·방법·운영을 개선

감사계획, 다시 말해 무엇을 감사하느냐를 설명할 수 있어야 하듯, 어떻게 감사를 하느냐도 설명할 수 있어야 합니다. 감사의 절차·방법 등이 감사기구의 편의와 관행에 매몰되어서는 안 됩니다. 감사의 절차·방법 등은 민주적이고 합리적이며, 감사의 목표와 비용/편익의 비례에 대한 고민도 해야 합니다. 감사를 감사기구의 권한이 아니라 '의무로 받아들이겠다', 주목을 받는 실적에 치중하기보다는 감사기구가 확인하여 책임을 지는 '기본으로 돌아가겠다'는 '인식·태도의 전환'도 필요합니다.

이와 같은 개선과 전환을 위해서는 감사기구의 자기혁신이 요구되지만, 외부의 비판에 귀를 열고 수용하는 겸허한 자세와 용기가 있어야만 합니다. 감사기구가 외부와의 접촉·소통 채널과 프로세스를 두는 것이 그 첫걸음이겠지요.

■ 국민을 독자로 삼아 감사보고서의 가독성과 품질 제고

대리인 모델에 따르면 감사는 '주인과 대리인 간의 정보 비대칭성을 최소화하기 위한 독립적 제3자의 비판적 검증·보고'입니다. 감사는 본질적으로 감사 대상에 대한 정보가 부족한 주인에게 감사 대상의 문제점을 객관적으로 검증하여 알리는 역할을 합니다.

감사인의 보고는 주인, 특히 일반 국민의 수준·요구에 맞춰 작성되어야 합니다. 감사보고서는 정책·사업 등의 실태와 문제점에 대한 정보를 정확하고 쉽게 전달하여 일반 국민이 정책·사업에 참여할 수 있도록 뒷받침하여야 합니다. 따라서 감사보고서는 폭넓게 읽힐 수 있도록 쉬운 문장과 표현을 사용하고, 일반 국민의 다양한 요구에 맞춰 비디오·오디오 등 문서가 아닌 다른 매체도 고려할 수 있습니다.

이러한 원칙과 노력으로 감사 신뢰도가 높아지고 국민의 눈높이와 요구에 맞춤으로써 감사품질이 높아지게 될 것입니다.

■ 감사 '이후' 감사의 실질과 유효성 확인

국민은 감사결과의 사후관리 또는 환류還流 단계에서 필수적인 개념입니다. 국민은 정책 수요자의 관점에서 관련 사업과 그에 대한 감사의 효과를 평가하고 확인하는 위치에 있습니다. 통상 감사기구는 인력·시간 등 물리적 제약으로 인해 감사결과가 정책·사업 등에 제대로 반영되는지 사후관리를 하는 데 한계가 있습니다. 감사기구가 의회 보고, 이행상황 점검, 이해관계자 반응 청취, 언론 모니터링 등 다양한 채널과 형식을 통해 현장의 국민 목소리에 귀를 열 때 감사의 실질과 유효성을 제대로 가늠할 수 있을 것입니다.

■ 국민의 감시활동 지원

감사기구는 정책·사업 등의 문제점을 제기하는 국민의 목소리가 전달되는 채널과 프로세스에 공을 들여야 합니다. 국민이 문제 제기를 쉽게 할 수 있도록 다양하고 편리한 온-오프라인 창구를 운영하고, 문제를 제기한 국민의 익명성을 보장하며, 제기된 문제점에 대한 처리 과정과 결과를 회신하는 과정 등을 마련하여야 합니다.

이와 같은 '국민의 참여'를 통해 감사기구는 정책·사업의 목표와 현실 간의 차이gap를 잡아내고 감사의 사각死角을 줄일 수 있고, 행정과 감사의 실효성과 그에 대한 국민의 신뢰·만족도도 함께 높아지게 될 것입니다.

√ 감사기구와 국민의 관계 프레임

지금까지 살펴본 내용을 요약하면 〈그림 2-13〉과 같습니다.

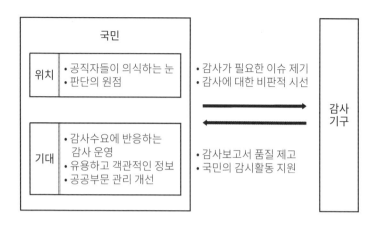

〈그림 2-13〉 국민과 감사기구의 상호작용

4. 의회 : 감사기구에 대한 권력자이자 후원자

4.1. 국민의 대표기관, 의회

의회는 국민을 대표하는 기관입니다. 우리나라에는 국회와 지방의회가 있습니다. 이 책에서는 이를 통칭하여 '의회'로 부르겠습니다. 의회는 법률과 조례를 제정하며 예산을 심의·의결합니다. 의회는 국민의 대표기관으로서 입법 기능을 통해 정책 결정 과정에 민의를 반영하고, 예산 통제기능을 통해 국정

전반에 걸쳐 각종 정책·사업 등이 적정하게 집행되고 있는지를 감시합니다.

√ 의회의 감사는 의회의 요구가 직접적으로 드러나는 과정

우리나라의 국회는 국정감사를, 지방의회는 행정사무감사를 합니다. 여기서는 국회의 국정감사 중심으로 살펴보겠습니다.

국정감사는 언론의 관심이 집중되고 다음 해 예산심사로 이어지는 과정이기에 수감기관의 부담이 큽니다. 수감기관 입장에서 '한 해 농사가 걸린' 일로 여겨질 정도입니다. 근래에는 국정감사가 매년 10월 무렵의 정례행사가 아니라 연중 감사로 느껴지는 실정입니다. 정기회, 임시회, 예산결산특위, 국정감사, 수시 현안질의, 국정조사 등의 다양한 제도와 절차가 수감기관의 일반적인 업무 프로세스 내지 환경이 되고 있습니다.

국정감사는 『국정감사 및 조사에 관한 법률』이라는 명확한 근거를 두고 있기는 하지만, 국회의 안건심사, 국정감사, 국정조사 등에 적용되는 『국회에서의 증언·감정 등에 관한 법률』의 강력한 규정과 국회의 위상 및 현실적인 힘을 생각할 때 수감기관 입장에서 국회의 각종 제도나 프로세스에 차이를 둘 이유는 없겠습니다.

그런데 국정감사는 그때그때의 정치적 이슈에 치우치는 경향이 있습니다. 국정감사 시점에서 어떤 사안이 여야의 쟁점이 되면 거기에 모든 에너지가 쏠린다 싶습니다. '어느 한 부서가 총대를 메면 다른 부서는 편하다'는 얘기도 있습니다. 하지만 표면적으로는 그렇게 보일지라도, 기관의 운영과 정책·사업에 대한 자료요구와 검토는 기본적인 프로세스가 되고 있습니다. 하지만 아직은 정치적 과정입니다. 구체적 사안에 대한 엄격하고 객관적인 사실 확인, 판단 등에서는 감사원 감사나 자체감사 기구의 감사 등 전통적인 공공감사와는 차이가 있습니다.

또한, 정치적 중립성 측면에서 한계가 있습니다. 의원들이 정부를 견제하고자 각자 자신이 속한 정당의 입장을 대변하는 것이 잘못은 아닙니다. 다만, 정치적 맥락에서의 주장이나 비판은 공공감사가 지향하는 엄밀성, 객관성, 중립성과는 결을 달리합니다. 근본적인 차이가 있다고 하겠습니다.

'의회의 감사'는 수감기관에 대한, 그리고 그 수감기관의 감사실에 대한 의회의 요구가 가장 직접적으로 드러나는 과정입니다. 의회의 감사를 받는 기관의 감사기구 입장에서는 의회와의 관계를 설정하는 단초·출발점이 되기도 합니다.

4.2. 의회의 두 얼굴 : 권력자와 후원자

의회는 공공감사가 자신들의 입법, 예산 통제 과정에 도움이 되기를 기대합니다. 구체적으로는 특정 사안에 대한 감사를 요구하거나 감사보고서를 의정활동에 활용하고 싶어 합니다.

그런데 의회는 단일한 실체가 아닙니다. 여당과 야당이 있습니다. 그리고 우리 사회의 다양한 역학관계와 소수계층을 대표하기 위하여 의회의 구성이 다양해지고 있습니다. 하나의 사안을 두고서 감사를 요구하는 목소리가 있는가 하면, 감사 자체에 반대하는 정반대의 목소리가 있을 수 있습니다.

의회가 이렇게 복합적인 존재이기에, 의회가 감사기구에 요구하는 바나 감사기구에 대한 태도도 단일하지 않습니다. 예컨대 여당과 야당이 전혀 다를 수 있습니다. 그렇기에 감사기구 입장에서 의회는 현실의 권력을 가지고서 감사기구에 부담·위협을 줄 수도 있고('권력자'), 감사기구에 힘을 실어줄 수도 있는('후원자') 존재입니다. 〈그림 2-14〉는 감사기구 입장에서 의회의 두 측면, 예컨대 감사의 독립성·중립성에 긴장과 위협으로 다가올 수 있는 측면('권력자')과 감사에 실효성을 부여하는 지원과 협력의 측면('후원자')을 표현하고 있습니다.

4.3. 의회와 감사기구의 '접점'은 감사보고서

감사기구 입장에서는 의회가 어렵게만 느껴질 수 있습니다. 피할 수 있다면 피하고 싶은 존재, 어떻게든 부딪치지만 않으

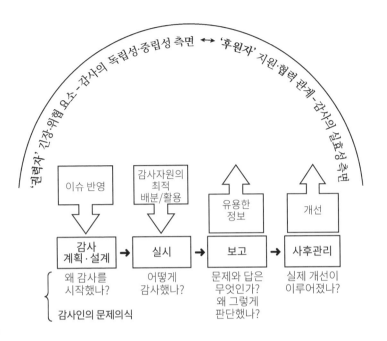

'권력자' 긴장·위협 요소 - 감사의 독립성·중립성 측면 ↔ '후원자' 지원·협력 관계 - 감사의 실효성 측면

이슈 반영	감사자원의 최적 배분/활용	유용한 정보	개선

감사 계획 · 설계 → 실시 → 보고 → 사후관리

왜 감사를 시작했나?	어떻게 감사했나?	문제와 답은 무엇인가? 왜 그렇게 판단했나?	실제 개선이 이루어졌나?

감사인의 문제의식

〈그림 2-14〉 공공감사와 의회의 관계

면 좋은 존재일 수 있습니다. 하지만 의회는 감사기구 바로 곁에 있고 늘 접해야만 하는 존재입니다. 그렇기에 감사기구가 의회와 함께 대화를 나눌 수 있는 곳, 공통의 주제, 일종의 '접점接點'이 필요합니다.

저희 필자들은 의회가 공공감사에 원하는 것, 공공감사가 의회를 향하여 내놓을 수 있는 것, 이 둘이 만나는 곳이 '감사보고서'라고 생각합니다. 정치적 중립성, 엄밀한 사실확인, 객관적인 판단, 의사결정을 위한 충분한 정보를 담은 감사보고서, 그런 좋은 감사보고서라면 그런 '접점'이 될 것입니다. 의회가 단일한 목소리를 가질 수 없는 복합적인 존재라 하더라도, 감사보고서가 전반적으로 의회의 인정을 받을 수 있다면, 다시 말해 의회에 참고가 되고 의회에 필요한 것이 된다면 감사기구는 제역할을 하는 것입니다.* 이것이 이상적인 '접점'이겠지요.

4.4. 기대와 반응의 상호작용을 향한 이슈

감사기구는 '권력자'이자 '후원자'인 의회와 어떤 관계를 맺어야 할까요? 앞서 감사보고서가 '접점'이라고 했는데, 그러한 접점에 이르는 과정이나 방식을 어떻게 설계하고 다듬어야 할까요?

아래에 몇 가지를 정리해 보았습니다. 필자들의 경험을 사례로 들다 보니 감사원과 국회를 기준으로 하는 표현이 많습니다. 하지만 감사원에만 해당하는 내용은 아니며 다른 감사기구에도

---

* 저희 필자들은 이 책의 곳곳에서 '결국은 감사보고서'라는 주장을 되풀이합니다. 감사보고서는 감사의 최종결과물입니다. 그러나 더 중요하게는 감사를 운영하고 개선하는 매개체이자 수단(tool)입니다. 이런 관점에서 이 책을 읽어 주셨으면 합니다.

적용될 수 있습니다. 예컨대 자치단체의 감사실과 지방의회, 공기업과 국회와의 관계에서도 고려해볼 만한 테마입니다.

■ 의회-감사기구 간 협력체계 운영

우리나라와 같이 감사기구가 의회 소속이 아닌 경우에는 감사기구가 수행하는 감사나 조사 등의 활동이 의회의 의사와 독립적으로 이루어지기 때문에 협력체계의 필요성이 큽니다. 의회와 감사기구 간 협력체계는 기본적으로 감사기구가 의회를 지원하는 방식이지만 이는 또한 감사기구에도 도움이 됩니다. 감사기구는 의회와의 협력 과정에서 자체적으로 확인하지 못한 감사수요나 우선순위를 파악할 수 있습니다.

협력체계는 조직·인력과 법·제도 두 측면으로 생각해 볼 수 있습니다.

● 조직·인력은 의회를 지원하기 위하여 감사기구 내에 전담부서와 인력을 두는 것을 말합니다. 그러한 전담부서와 인력은 의회와 감사기구 간 채널 역할을 하게 됩니다. 입법부형 감사기구의 경우(미국 GAO, 영국 NAO 등*) 의회 소속으로서 상임위원회와 통상적인 협업체계가 있습니다. 입법부형 감사기

---

* Government Accountability Office. National Audit Office.

구가 아니더라도, 의회와 협력을 위한 전담 조직·인력을 둘 수 있습니다. 보다 적극적인 협력을 위해서는 의회와 감사기구 간 인력 교류, 의회-감사기구 간 정보시스템 구축 등도 검토할 수 있습니다.

● 법·제도는 의회와 감사기구 간의 협력 방법과 한계 등에 관한 규정입니다. 의회와 감사기구 간의 협력은 실무진에서 고위직까지 공식 회의 또는 비공식 접촉 등을 통해 다양하게 이루어집니다. 의회와 감사기구가 적극적인 협력 관계에 있는 경우 증가하는 의회의 지원 요청을 어떻게 어느 수준까지 수용할 것이냐의 문제가 따릅니다. 또 의회와 감사기구 간 협력이 불투명한 방식으로 진행되어 감사기구의 독립성과 중립성 문제로 이어질 수도 있습니다. 이러한 문제들에 대비하고 의회와 감사기구 간 체계적이고 효율적인 협력을 위해 협력 주체(실무진·고위급), 협력 시기(일반·특별), 협력 방식(회의·자료요구·결과보고·인력지원·자문), 절차 등을 명확하고 투명하게 마련해야 합니다.

■ 주요 사안·쟁점 등 의회 요구사항에 대한 감사

의회가 주요 사안·쟁점 등에 대해 감사기구에 감사를 요구하고 감사기구가 이를 감사계획에 반영하여 감사를 실시하는 것은 의회를 지원하는 가장 직접적이고 효과적인 방법입니다.

감사자원(예산·인력 등)의 제한이나 역학관계·관행 등으로 인해 감사기구가 놓치는 중대한 사안·쟁점이 있을 수 있습니다. 그러한 허점이 의회의 요구를 통해 보완될 수 있습니다. 이 때문에 여러 나라의 감사기구는 감사기구의 형태(입법부형·사법부형·행정부형·독립형)를 막론하고 의회의 감사요구에 대한 반영 제도·프로세스를 두고 있습니다.

다만, 의회의 감사요구가 지나치게 많아지는 경우 감사기구의 자체계획·판단에 의한 감사가 제약을 받을 수 있습니다. 그리고 감사의 중점, 결론 도출 방향 등에 의회가 영향을 미쳐 감사의 독립성이 훼손될 수도 있습니다. 따라서 의회의 감사요구사항에 대해서는 감사 실시 여부 결정, 감사의 설계, 결론 도출, 감사결과 공개 과정에서 감사기구의 독립성과 중립성이 보장될 수 있도록 법적·제도적 방안이 선행되어야 합니다.

■ 의회의 수요를 고려한 맞춤 지원

감사기구는 감사를 하고 감사보고서를 작성하는 것 외에도 다양한 방식으로 의회를 지원할 수 있습니다. 의회의 입법·예산심의 과정에서 편리하게 활용될 수 있도록 감사기구가 목표를 두고 매회계연도 결산검사보고서의 체제와 내용을 고민한다면 의미 있는 개선이 있을 것입니다. 법률 제·개정에 참조될 만한 감사결과를 적시에 제공하거나, 성과감사의 분석틀(경제성·효율성·효과성)을 적용한 정부의 예산안 검토의견을 제시하는 방안 등도 예로 들 수 있습니다.

√ 감사기구와 의회의 관계 프레임

지금까지 살펴본 내용을 요약하면 〈그림 2-15〉와 같습니다.

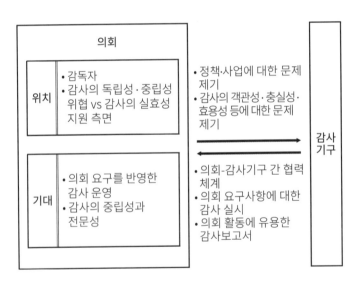

〈그림 2-15〉 의회와 감사기구의 상호작용

5. 대상기관 : 감사기구와 긴장관계, 하지만 같은 목표

5.1. 대상기관은 '무언가를 숨기고 있는' 문책·교정대상?

대상기관은 감사의 대상이 되는 기관입니다.* 실무적으로는 그 기관에서 감사 대상이 되는 업무를 맡고 있는 부서로 좁혀서 볼 수도 있겠습니다.

대상기관은 정책·사업 등을 수행하거나 관리합니다. 정책·사업·입법 등의 수요를 파악하고, 계획을 수립하며, 예산을 편성하고, 정책·사업 등을 직접 추진합니다. 정책·사업이 종료된 후에는 사후관리, 문제 발생 시에는 개선 대안을 마련합니다. 대상기관은 정책·사업 등이 추진되는 과정에서 발생하는 문제와 한계를 수행자 관점에서 가장 잘 파악하고 있으며, 감사 대

---

* 실무에서 예컨대 감사원이 길동시를 감사하면, 길동시를 '대상기관'이라고 합니다. 길동시 감사실이 길동시 건설국을 감사하면 건설국을 대상기관이라고 하지요. 이 책의 '맺음말'에서 필자들은 '언어'부터 바뀌어야 한다, 일례로 '대상기관'이라는 말부터 버리자고 주장합니다. 그보다는 감사의 '상대기관', '참여기관'으로 부르는 게 낫겠다고 합니다. 감사를 받는 기관을 '대상'으로, '사물'로 규정하는 것부터 성찰해보자는 것입니다. '대상'이라는 말의 문제점에도 불구하고, 본문에서는 실무에서 사용하는 표현을 그대로 썼습니다. 또 문맥에 따라 '피감기관', '수감기관'이라는 표현도 썼습니다.

상과 관련된 정보를 가장 많이 가지고 있습니다. 감사 대상 업무에 관하여 잘 아는 만큼 전문성을 갖추고 있다 하겠습니다.

대상기관은 감사결과를 정책 현장에서 이행합니다. 반면, 감사기구는 정책·사업을 직접 추진하는 주체가 아닙니다. 따라서 감사결과가 현장에서 효과를 발휘하기 위해서는 대상기관의 감사결과 이행이 중요합니다. 또한 감사기구가 아무리 심도 있는 감사를 거쳐 감사결과를 도출했다고 하더라도 감사결과가 완벽할 수는 없고 이행과정에서 시행착오가 있을 수 있습니다. 그러한 시행착오를 통해 감사결과를 현장에서 작동·적응시키는 것도 대상기관입니다.

그러나 주인(국민)-대리인(대상기관) 관계에서 오는 대리인 문제agency problem는 대상기관이 갖는 근본적인 한계점을 제시해 줍니다. 앞서 몇 차례 살펴본 대리인 이론에 따르면, 대리인은 주인으로부터 권한을 위임받은 존재일 뿐임에도 업무를 직접 수행하면서 업무에 관한 정보를 쥐게 되고 스스로의 세계를 구축하게 됩니다. 대리인이 주인보다 더 많은 정보를 갖는 '정보 비대칭information asymmetry', 그로 인한 도덕적 해이와 비효율이 대리인 이론의 주요 메시지입니다.

대상기관은 대리인 모델의 '대리인' 위치에 있습니다. 주인-대리인의 관계에서 오는 '대리인 문제'는 감사기구가 대상기관을 바라보는 기본적인 시각, 출발점입니다. 하지만 감사기구가 대상기관을 '주인을 속인' 잠재적인 문책·교정 대상으로만 보고 적대시해서는 안 됩니다. 앞서 말씀드렸듯 대상기관은 현장에서 일하고 책임지는 주체이고 존중의 대상이기 때문입니다.

5.2. 대상기관이 감사기구에 기대하는 것

대상기관은 수감의 부담이 과도하지 않기를 바랍니다. 대상기관은 각급 감사기구로부터 감사를 받습니다. 상호 협의한 감사 외에도 감사기구의 자료요구, 면담 요청 등에도 응해야 합니다. 감사 시기도 일정하지 않아 예상치 못한 시기에 감사를 받기도 합니다. 감사원이 매년 실시하는 수감기관 만족도 조사에 따르면, 감사 수행 과정의 공정성, 감사결과의 신뢰성·객관성 등 감사의 내용적 측면에 대해서는 만족도가 높은 반면, 감사 시기, 제출자료의 양과 제출기한, 감사기법 등에 대해서는 상대적으로 만족도가 낮습니다.

대상기관은 감사기구가 공정하며 균형 있고 이행 가능한 감사결과를 도출하기를 기대합니다. 대상기관은 감사기구가 도출한 감사결과를 이행해야 하는 의무 또는 부담을 집니다. 감사결과가 정책·사업상의 문제점, 불법행위, 오류나 낭비 등을 정확하게 지적하고 그에 대한 합리적인 개선 대안을 제시한다면 대상기관 또는 정책·사업이 '개선되는 계기·기회'가 됩니다. 그러나 감사결과가 잘못되거나 편향된 판단을 하거나 현실적으로 이행하기 어려운 감사 대안을 제시하는 경우에는 대상기관에 부담으로 남습니다. 잘못된 감사결과를 바로잡기 위한 이의제기에 행정력과 시간이 소요됩니다. 또한 감사결과에 이의를 제기하고 이행이 늦어지는 등의 과정이 기관 간 갈등으로 비춰질 수도 있습니다.

대상기관은 감사기구와 충분하게 소통하기를 바랍니다. 감사기구와 대상기관의 소통은 수감 과정과 수감외受監外 과정 두 측면에서 이루어집니다. 수감 과정에서의 소통은 감사결과를 도출하는 과정에서의 소통입니다. 통상적으로 감사는 감사관이 문제점을 지적하고 대상기관이 방어하는 형태로 진행되기 때문에 감사기구가 주도권을 쥡니다. 감사를 받는 대상기관은 감사관이 기회를 주지 않으면 감사 대상이 되는 정책·사업에 대해 제대로 설명하기 어려운 경우도 많습니다. 이러한 상황에서 감사관의 지식이나 전문성이 부족하거나 편향된 시각으로 감사 대상을 평가하게 되면 잘못된 감사결과가 도출될 가능성이 높습니다. 따라서 대상기관은 감사가 진행되고 감사결과가 처리되는 과정에서 감사기구가 지적하고자 하는 정책·사업의 문제점 등에 대해 충분히 해명할 기회를 얻길 바랍니다.

수감외 과정에서의 소통은 감사기구와 대상기관의 협력적

관계 구축을 위한 소통입니다. 대상기관은 각종 정책·사업을 직접 추진하는 주체로서 현장의 문제점을 직접 인지합니다. 자신들이 추진하는 정책·사업상의 문제점도 파악할 뿐만 아니라, 해당 정책·사업이 원활하게 추진되기 위해 개선되어야 할 다른 기관의 문제점, 법규·제도상의 문제점, 정책 여건 등을 인지하고 있습니다. 대상기관은 자신들이 파악한 이러한 문제점들을 감사기구가 검토하여 해결해 주기를 기대합니다.

그리고 대상기관은 감사가 '변화의 계기'가 되기를 기대하기도 합니다. 앞서 대상기관은 방어적이라고, 아울러 자신들이 해왔던 일을 감사기구가 이해해 주길 바란다고 했습니다. 하지만 대상기구라고 해서 단일한 실체인 것만은 아닙니다. 대상기구는 여러 사람이 모여서 구성됩니다. 그리고 그 구성원들의 생각이 다를 수도 있습니다. 기존의 업무 방식·관행이 옳다면서 방어하는 목소리가 절대다수일 수도 있겠지만, '변화해야 중요한 것을 지킬 수 있다'는 생각을 하는 소수도 있을 수 있습니다.

5.3. 단기적으론 상반된 성과목표, 장기적으론 같은 목표

당연한 얘기지만, 감사기구는 대상기관을 감사하고 대상기관은 감사를 받습니다. 감사기구는 문제점을 찾아내려고 하고, 대상기관은 방어하려고 합니다. 이 과정에는 긴장과 갈등이,

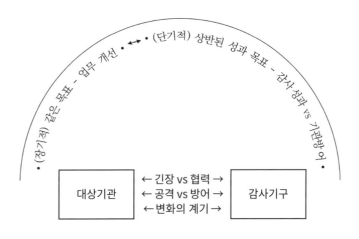

내 안에서 나타난 것 (단기적) 상반된 성과 목표 - 감사 성과 vs 기관방어

| 대상기관 | ← 긴장 vs 협력 →
 ← 공격 vs 방어 →
 ← 변화의 계기 → | 감사기구 |

〈그림 2-16〉 감사기구와 대상기관의 관계

그리고 이를 해소하기 위한 협력의 역학ヵ學이 작동합니다.

　이러한 공격과 방어, 긴장과 제한적인 협력이 감사기구와 대상기관의 주된 관계입니다. 하지만 감사는 대상기관과 그 정책·사업이 변화하는 계기가 될 수 있습니다. 이에 대한 공감대가 감사기구와 대상기관이 서로 공감하고 협력할 수 있는 접점과 영역이 될 수 있습니다.

　감사기구와 대상기관이 단기적으로는 상반된 성과목표를 가지지만 장기적으로는 같은 목표를 가질 수 있다는 견지에서 〈그림 2-16〉과 같이 양자의 관계를 표현해 보았습니다.

5.4. 기대와 반응의 상호작용을 향한 이슈

감사기구와 대상기관이 단기적으로는 상반되지만 장기적으로는 같은 목표를 가질 수 있다는, 어쩌면 이상론理想論으로 여겨질 수도 있는 말씀을 드렸습니다. 이러한 관점을 밀고 나가면서, 저희 필자들은 아래와 같이 몇 가지 방안을 제시해 봅니다. 독자분들도 현재 처한 위치에서 나름의 아이디어를 펼쳐 보시길 기대합니다.

■ 감사기구와 대상기관의 협력체계

감사기구와 대상기관은 '감사인-수감자'의 관계로 당연히 긴장관계일 수밖에 없지만, 감사가 정책·사업 개선의 계기가 되기 위해서는 건전한 협력도 필요합니다. 정책·사업의 근본적인 문제점을 확인하고 개선 대안을 마련하는 감사의 역할이 근래 강조됨에 따라 감사 대상 정책·사업 등에 대한 심도 있는 분석과 검토의 필요성도 점점 더 높아지고 있습니다. 이에 감사기구와 대상기관 간 협력 관계도 중요해지고 있습니다.

대상기관과의 협력체계는 '상시 협력'과 '수시 협력'으로 나누어 생각해 볼 수 있습니다. 상시 협력은 특정한 감사사항과 관계없이 감사기구와 대상기관이 협력하는 것을 말합니다. 대상기관이 정책·사업 등을 추진하면서 발생하는 문제점에 대해 감사를 요청하는 제도나 중복감사 방지 등을 위해 감사기구들과 대상기관들이 감사 일정을 협의·조정하는 협의체 등을 예로 들 수 있습니다. 감사기구와 대상기관은 상시 협력을 통해 감사사항 발굴, 감사 방향과 계획의 조정 등 거시적인 감사 전략과 감사 운영 전반에 대해 소통할 수 있습니다.

수시 협력은 특정한 감사사항의 실시에 대해 감사기구와 대상기관이 협력하는 것을 말합니다. 예컨대 감사 대상 정책·사업 등에 관한 전문성을 확보하기 위해 인력을 교환·지원한다거나, 감사기구가 일정 기준에 따라 감사업무의 일부를 대상기관이 대행하도록 하는 것입니다. 감사기구와 대상기관은 수시 협력체계를 통해 특정 분야 감사에 대한 인력, 지식, 감사기법, 정보 등을 공유하면서 상호 전문성을 향상시킬 수 있고, 인력·시간 등 한정된 자원을 보다 효율적으로 활용할 수 있습니다.

그러나 감사기구와 대상기관의 상시·수시 협력은 감사기구의 직무상 독립성 측면에서는 부정적인 요소가 있습니다. 대상기관이 협력체계를 통해 감사에 영향력을 미치려고 할 경우 감사의 독립성이 영향받을 수 있다는 의미입니다. 감사의 독립성이 실질적으로 훼손되는 경우뿐만 아니라, 외견상 독립성이 훼손되는 것처럼 보이는 경우도 마찬가지입니다.

따라서 감사기구가 대상기관과 협력체계를 마련하여 운영할 때에는 이러한 실질적·형식적 독립성 훼손이 발생하지 않도록 협력체계에서 의사결정 권한·방식의 규정화, 참여 인력 구성, 정보공개 방식 등에 유의해야 합니다.

■ 감사에 대한 대상기관 의견 수렴

감사관은 촉박한 처리 기간과 당장의 감사실적 등에 치우쳐 대상기관의 의견을 제대로 수렴하지 않을 위험성을 안고 있습니다. 감사관의 잘못된 판단·치우침은 대상기관의 이의제기·불복, 감사결과 미이행, 감사에 대한 신뢰 저하 등 여러 부작용을 낳게 됩니다.

한편, 감사기구가 감사에 대해 대상기관의 의견을 수렴하기 위해 노력하더라도 감사현장에서는 그러한 노력이 제대로 인지되지 않는 경향이 있기도 합니다. 공격과 방어의 위치에 있는 감사기구와 대상기관 간의 긴장관계 때문입니다.

따라서 감사기구가 감사를 수행하고 감사결과를 도출하는 과정에서 대상기관에게 충분한 소명 기회를 부여하고 이를 감사결과에 반영하는 것이 매우 중요합니다. 감사 수행 단계별로 감사 지적사항에 대해 대상기관의 의견을 제출받아 그에 대한 검토를 수행하고 기록하는 절차를 규정화하고, 최종 감사결과에 감사에 대한 대상기관의 소명과 검토의견을 투명하게 반영하는 것이 그 기본입니다. 그리고 당해 감사관·감사팀과 다른 별도의 전담부서를 두어 대상기관의 소명·주장을 검토한다거나 감사결과보고서에 대상기관의 소명·주장이 제대로 검토·반영되었는지 검증한다든지 하는 방법을 고려할 수 있습니다.

■ 감사결과에 대한 관리 체계

감사는 감사결과가 현장에서 이행되어 정책·사업 등이 개선될 때 의미가 있습니다. 그런데 감사결과에 따른 '개선', '권고', '통보' 등은 대상기관의 이행을 담보할 강제력은 없습니다.* 그러다 보니 대상기관이 상당 기간 이행하지 않는 경우도 있고, 이행하더라도 대상기관의 '해석'에 따라 후속 조치가 이루어져 감사기구가 당초 의도한 방향과 다른 경우도 많습니다.

법률 또는 자치법규 등에 감사결과 이행 강제 근거를 규정하는 것도 생각해 볼 수 있습니다. 그러나 이것은 우선 행정원리에 부합하지 않습니다. 정책·사업을 추진하는 것은 해당 기관

---

* 감사기구가 감사결과 확인한 위법·부당 등의 사항을 처리하는 방식은 감사기구의 근거 법규에 따라 다양합니다. 예컨대 감사원의 경우 변상판정, 징계·문책요구, 시정요구, 주의요구, 개선요구, 권고·통보, 그리고 고발 등 형사조치 등이 있습니다. 본문의 '개선', '권고', '통보' 등은 (감사기구의 결정에 기속되는 변상판정, 시정요구 등에 비하여) 대상기관 또는 관계기관에 상대적으로 자율성이 인정되는 방식을 예로 든 것입니다.

의 몫입니다. 현실의 여건과 제약요소들을 고려하여 감사결과를 적용하고 해석하여 때로는 이의제기도 하는 것이 균형 잡히고 책임 있는 자세일 것입니다.

따라서 감사기구는 감사결과가 정책·사업 현장에서 적정하게 이행되고 있는지 모니터링하고 피드백을 주고받는(소통하는) 상시관리체계를 갖추어야 합니다. '개선', '권고', '통보' 등 감사기구의 처분요구 유형별로 대상기관 이행여부(예컨대 '완결' 요건)에 관한 기준을 마련하고 그에 따라 주기적으로 모니터링을 해야 합니다. 당초 감사결과대로 이행되지 않는 사유는 다양할 수 있습니다. 대상기관에 합당한 사유가 없는 경우라면 이행을 요구하고 주기적으로 확인하고 추가 감사를 실시하는 등 다양한 노력을 기울여야 합니다. 한편 감사 이후 사정변경이 있다거나 감사결과가 현실에 맞지 않는 부분이 있다거나 하는 경우라면 감사기구와 대상기관이 협의하고 보완하는 프로세스를 마련해야 합니다. 이러한 소통과 노력이 감사기구와 대상기관 간의 건전한 긴장과 협력 관계를 만들어 낼 것입니다.

√ 감사기구와 대상기관의 관계 프레임

지금까지 살펴본 내용을 요약하면 〈그림 2-17〉과 같습니다.

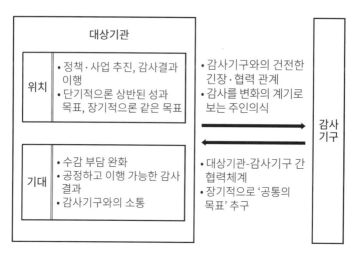

〈그림 2-17〉 대상기관과 감사기구의 상호작용

6. 언론 : 감사 발전의 계기이자 커뮤니케이션 대상

6.1. 감사기구와 언론의 관계

다른 주제도 마찬가지이지만, 저희 필자들은 '언론'에 대하여 본격적인 설명이나 의견을 드린다거나, 관련된 특정 이슈를 깊이 있게 다루지는 않을 것입니다. 저희의 역량 밖이기도 합니다만, 이 책의 독자들, 그중에서도 공공감사 실무를 담당하고 있는 분들의 입장에 설 때 '언론을 어떻게 보아야 할까'에 관한 소박한 생각을 적어보려 합니다.

'언론' 하면 어떤 이미지가 떠오르나요? '비판'이겠지요. 안 좋은 일로 보도되는 경우가 더 많겠지요. 또 자기 기관에 관한 보도가 사실에 맞지 않거나 편향되었다고 느꼈던 경험도 있을 듯합니다. 그런가 하면 언론 보도를 계기로 업무를 급히 다시 살펴보고 보완했던 경험도 있을 것입니다.

언론의 경계는 어디일까요? 어떤 매체들을 언론이라고 할까요? 전통적인 신문·방송에서 더 나아가 인터넷 매체들이 떠오릅니다. 최근에는 영향력 있는 유튜브 채널도 떠오릅니다. 예컨대 유튜브 채널 가운데 '삼프로TV'는 구독자가 200만 명이 넘습니다. 경제 뉴스에 관심이 있는 분이라면 이 채널이 영향력 측면에서 웬만한 종편 못지않다는 생각을 하실 겁니다. 이 경우는 기업 수준에 이른 특별한 사례겠지만, 1인 방송을 포함하여 참으로 다양한 인터넷·SNS 매체들이 언론 '역할'을 하고 있거나 언론으로 '인식'되고 있습니다.

'이 정도는 되어야 언론이라고 할 수 있다'는 논의도 있겠습니다만, 이 책에서는 공공감사 실무진이 '언론'으로 인식·의식하는 매체나 대상을 공공감사의 이해관계자로 보면서 논의를 진행하려 합니다. 물론 그 매체나 대상은 시간에 따라 변화할 것입니다. 어떤 사건을 계기로 지금까지는 의식하지 않았던 매체와 채널이 언론으로 의식되기도 합니다.

√ 감사기구는 언론의 영향력 아래 있다

언론은 어떤 사실이나 정보를 수집하여 대중에게 전달하여 여론을 형성합니다. 언론은 감사의 대상이 되는 정부기관, 정책 등이 안고 있는 문제점을 제기합니다. 언론은 일반 국민이나 의회와 마찬가지로 정부의 정책 등을 비판적으로 바라봅니다. 언론을 통해 여러 문제점이 제기됩니다. 감사기구 입장에서 보면 작고 시시콜콜한 문제에 이르기까지 언론의 눈과 귀가 미치지 않는 곳이 없습니다. 그리고 언론의 입장과 이해수준이 극에서 극에 이르기까지 다양합니다.

언론이 공공감사에 긍정적인 역할만 하는 것은 아닙니다. '오보誤報'가 많습니다. 그 폐해도 큽니다. 하나의 사안·자료에 대하여 완전히 상반된 해석과 보도가 나오는 경우도 있습니다. 어떤 언론매체는 특정 이해집단이나 정치집단의 입장을 대변하기도 합니다. 감사기구 입장에서는 동의하기 어려운 비판·비난을 받는 경우도 많습니다.

√ 언론은 감사의 콘텐츠 보완, 절차개선, 실효성 제고 계기

언론은 어떤 정책과 사업이 현장에서 실제로 어떻게 진행되고 있는지, 어떤 시행착오를 겪고 있는지를 생생하게 그려낼 때가 많습니다. 제도개선을 위한 방향과 대안을 제언으로 내놓기도 합니다. 이러한 보도와 제언을 감사의 계기로 삼을 수도 있고, 감사의 진행과 결론 도출에 반영할 수도 있습니다. 달리 표현하자면 '감사의 콘텐츠'가 충실해지는 것입니다.

그리고 감사의 대상이나 조사방법 등에 대하여 언론이 비판적으로 보도할 때, 감사기구가 반박부터 하기보다는 보도를 진지하게 받아들이고 개선의 계기로 삼는다면 그 감사기구는 분명 좋은 방향으로 나아갈 것입니다. 또한 감사의 착수, 감사의 방식, 감사의 결과 등이 언론의 지지를 받을 때 감사의 실효성은 당연히 높아지게 됩니다.

지금까지 설명한 내용을 〈그림 2-18〉과 같이 표현해 볼 수 있습니다. 이 그림은 언론의 영향력 아래에서 감사기구가 언론의 두 측면에서 자극과 교훈을 얻어 발전할 수 있다는 기대를 담고 있습니다.

6.2. 언론이 감사에 거는 기대

언론은 감사의 진행과 결과를 알고 싶어 합니다. 이를 알 수 있는 채널을 원합니다.

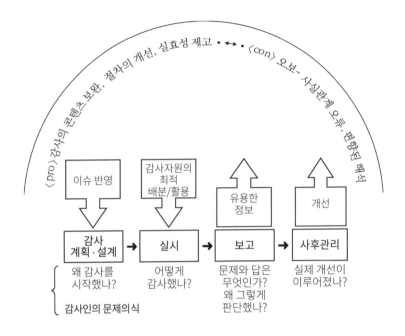

〈그림 2-18〉 감사기구 입장에서 언론의 두 측면

　감사기구는 감사결과를 공개합니다. 감사기구에 따라 공개 수준과 방식에 차이가 있습니다. 감사보고서 전문全文을 공개하는 경우도 있고, 요약본에 그치는 경우도 있습니다. 감사보고서 공개 범위가 점차 넓어지고 있습니다. 그리고 감사과정에 대한 공개 요구도 커지고 있습니다. 감사보고서를 어느 정도까지 공개할 것이냐는 어찌 보면 핵심에서 벗어난 얘기입니다. 언론에서 요구하는 것은 감사과정과 결과에 관한 '모든 것'입니다. 감사를 어떤 계기로 시작해서 어떻게 진행했고 어떻게 그런 결론에 이르렀는지 모든 것을 알고 싶은 것입니다. 언론 입장에서 감사보고서는 그러한 요구사항 중 일부를 담고 있을 뿐입니다.

감사보고서는 전문 분야를 다루는 경우가 많고, 사안이 복잡한 경우도 많습니다. 그러다 보니 언론이 보기에 감사기구에서 공개하는 내용이 어려울 수 있습니다. 이해하기 어려우면 오해하기 쉽습니다. 그래서 언론은 쉬운 설명을 원합니다.

언뜻 당연한 얘기 같지만, 감사기구로서는 조심스러운 대목입니다. 최종 감사결과를 언론에 설명하는 과정에서 '변하면' '안 되기' 때문입니다. 전문적이고 복잡한 사안, 이해관계가 얽힌 사안은 최종 감사결과의 표현, 토씨 하나하나가 의미가 있을 수 있기 때문입니다. 쉽게 설명하는 과정에서 뜻하지 않게 '의미 변화'가 있을 수 있기 때문입니다. 쉽게 설명한다고 하더라도 최종 감사결과 범위 안에서 이루어져야 합니다. 그래서 언론에 대한 설명은 어렵습니다.

언론은 감사의 결과뿐만 아니라 과정에 대해서도 알고 싶어 합니다. 감사기구가 어떻게 감사를 시작했는지, 감사과정은 정당했는지, 증거에 따라 판단했는지, 판단은 균형 있게 내려졌는지, 그리고 감사기구가 최선을 다했는지를 알고 싶어 합니다. 언론은 이러한 의문 하나하나를 놓치지 않습니다.

- 언론은 알고 싶어 합니다. 결과와 과정을 모두.

- 언론은 빨리 알고 싶어 합니다.

- 언론은 쉽게 알고 싶어 합니다. 이해하기 쉬운 설명을 원합니다.

6.3. 기대와 반응의 상호작용을 향한 이슈

감사기구에게 언론은 두렵지만 함께해야 할 존재입니다. 최선을 다해 설명하고 이해와 지지를 끌어내야 할 대상입니다. 또 비판을 개선의 기회로 받아들여야 하는 존재입니다.

이러한 관점에서 저희 필자들은 몇 가지 제안을 드립니다.

■ 언론에 합리적으로 반응하는 감사

언론과의 소통은 다양한 방식으로 이루어질 수 있습니다. 우선, 언론이 제기하는 문제점을 감사에 반영하는 것입니다. 감사사항으로 선정하거나, 계획된 감사사항의 중점에 반영한다거나, 다음 해 감사계획 수립에 반영하거나 하는 것입니다.

사고실험을 해봅시다. 어떤 사안이 여러 언론에 보도되고 있고 독자의 관심도 큽니다. 해당 부서가 신뢰를 잃은 듯 보입니다. 언론의 보도가 맞고 중요하며 감사가 필요한 사안이라면 즉시 감사를 해야 합니다. 감사기구의 의무입니다.

그런데 보도내용에 오류가 많고, 편향된 비판이라는 생각이 듭니다. 언론 보도에 대해 해당 부서에서 하는 설명이 일리가 있어 보입니다. 이런 경우 감사를 한다면, 선입견 없이 원점에서 감사를 해야 합니다. 감사의 생명은 객관성입니다. 객관적인 제3자의 위치에서 감사를 진행하고, 보도내용의 사실관계를 팩트 체크하고 중립적인 위치에서 객관적으로 판단해야 합니다. 그리고 어떻게 감사를 진행했는지, 어떻게 결론에 이르렀는지를 충실하게 감사보고서에 담아야 합니다. 이것이 언론과의 소통 아닐까요.

■ 가장 좋은 소통방식은 좋은 감사보고서

감사보고서는 이해하기 쉬워야 합니다. 의미가 명확하고 그 분야 전문가가 아니더라도 관심이 있는 독자라면 이해할 수 있을 정도의 가독성을 갖추어야 합니다. 그리고 충실해야 합니다. 최종 감사결과·결론의 의미·맥락을 이해하는 데 도움이 되는 내용과 자료를 담아야 합니다. 우선 감사보고서 자체에 그러한 내용을 담는 것이 좋습니다. 만약 그렇지 못하다면, 또는 감사보고서 확정 이후에 추가로 설명할 부분이 생겼다거나 한다면, 추가자료로 공개하는 것이 좋습니다.

앞서 언급했듯 감사과정에 대한 설명, 다시 말해 '감사'에 관한 설명도 중요합니다. 감사보고서는 예컨대 감사를 실시하게 된 사유, 준비 과정, 감사 범위, 표본추출 과정, 감사방식, 전문가 · 이해관계자 의견청취 과정, 이견異見 조정 · 검토과정 등을 담고 있어야 합니다. ('좋은 감사보고서'에 관해서는 5장에서 자세히 다룹니다.)

그리고 자료를 정확하게 설명할 수 있는 사람이 있어야 합니다. 대변인실 직원이나 감사부서 직원 중에서 그 내용을 설명할 사람을 미리 정해 두는 것이 효과적입니다.

■ 오보 대응의 원칙

감사기구가 신뢰를 잃어서는 안 됩니다. 감사기구의 신뢰 측면에서 신중하되 원칙 있는 대응이 필요합니다. 감사과정이나 결론에 관한 오보가 있는 경우 해당 언론에 (감사기구 소속기관의 프로세스에 따라) 적극적으로 설명하여 오보를 바로잡도록 노력해야겠습니다.

오보가 바로 잡히지 않는 경우가 많습니다. 또 해당 언론에서는 반영하여 기사를 수정했지만, 당초 보도가 블로그 등에 스크랩되어 있거나 다른 언론이 받아서 보도하면서 재생산되는 경우도 많습니다. 이런 경우를 대비하여 감사기구의 입장을 홈페이지 등에 게시하여 명확히 해두는 것이 좋습니다. '보도 당시 해명했던 내용입니다'라고 설명할 수 있어야 좋습니다. 오보가 나왔는데도 감사기구의 입장이 명확하게 확인되지 않으면, 사실로 인정하는 것으로 받아들여질 수 있지 않을까요?

√ 감사기구와 언론의 관계 프레임

지금까지 살펴본 내용을 요약하면 〈그림 2-19〉와 같습니다.

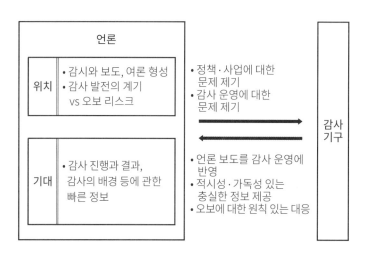

〈그림 2-19〉 언론과 감사기구의 상호작용

7. 전문가그룹 : 부담스럽지만 가까이해야 할 파트너

7.1. 감사기구와 전문가그룹의 관계

어떤 정책·사업에 대하여 감사를 한다고 사고실험을 해봅시다. 감사를 설계·실시·판단하는 일련의 과정에서 감사기구가 의식하고 자문을 구하는 전문가들은 어떤 사람들일까요?

우선 해당 정책·사업 자체에 관한 전문가들이 있습니다. 해당 정책·사업에 오랫동안 참여해 온 사람, 관련 학계나 협회 사람들이죠. 다른 한편 감사방법론에 대한 전문가들이 있습니다. 감사에서 사용하는 방법론에 관한 전문가들, 회계에 관한 전문가들, 법리에 관한 전문가 등이 있겠습니다.(〈그림 2-20〉)

감사결과가 이러한 전문가그룹으로부터 지지를 받는다면 금상첨화겠지요. 감사의 계획, 설계, 실시, 판단에 이르는 일련의 과정에서 전문가그룹이 직간접적으로 참여하고 그들의 의견이 반영된다면 감사가 깊이 있게 되고 감사결과도 신뢰받을 것입니다. 반대로 전문가그룹에서 감사결과를 반박한다거나, 감사 과정이나 방법론에 대해서 문제를 제기한다면 감사기구로서는 큰 부담을 안게 될 것입니다.

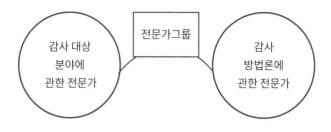

〈그림 2-20〉 공공감사의 전문가그룹

　그런데 감사기구 입장에서 전문가그룹이 공통된 하나의 답·목소리를 내는 경우도 있겠지만, 여러 그룹이 복잡하게 얽혀 있는 경우가 오히려 더 많을 것입니다. 전문가그룹 간에 의견 차이가 크고 이해관계를 두고서 다툴 수도 있겠습니다. 예컨대 논란이 있는 이슈에 대하여 어떤 연구기관이나 협회에서 객관성이 의심되는 과도한 주장을 하는 경우도 가능합니다. 감사기구 입장에서는 '이익집단'들의 충돌 한가운데 놓인 듯한 상황이지요.

　분명한 점은 전문가그룹은 해당 분야 '오피니언 리더opinion leader'라는 것입니다. 앞서도 말씀드렸듯 감사의 신뢰성을 확보하는 데 필수적인 집단입니다. 전문가그룹에서 문제를 제기하면 감사의 전문성·신뢰성이 의심받을 수밖에 없습니다. 그런 까닭에 전문가그룹과의 관계가 중요합니다.

7.2. 전문가그룹이 감사기구에 기대하는 것

앞 절에서는 감사기구 입장에서 전문가그룹을 생각해 보았습니다. 이번에는 전문가그룹 입장에서 그들은 감사기구를 어떻게 주시하고 있을까 생각해 봅시다. 이 절에서는 어떤 이슈에 대한 논란이 있고, 전문가그룹 간에 입장의 차이가 있는 상황을 가정해 보고자 합니다.

전문가그룹으로서는 자신들의 '영향력·이익이 침해받는 것'에 민감할 수밖에 없습니다. 그러한 가능성을 줄이기 위하여 자신들의 전문성, 그에 관한 그간 쌓아온 영향력을 발휘하고자 할 것입니다. 검토되고 있는 방안에 대한 반대 논리 제시, 감사 방법론에 대한 문제 제기, 제3의 대안 제시 등 여러 방식이 있을 것입니다.

다소 도식적인 생각입니다만, 전문가그룹이 이익집단과 다른 점, 달리 말해 그들을 이익집단으로 폄훼할 수 없는 이유는 전문가그룹은 자신들의 논리와 입장을 중시한다는 것입니다. 정책·사업에 관한 문제 제기를 하더라도 전문가그룹이 그동안 취해온 논리·입장의 연장선에 있습니다. 그동안 취해온 논리·입장에서 벗어나는 주장은 '자기검열' 때문에 쉽지가 않습니다. 그래서 때로는 전문가그룹의 논리·입장에 따라 자기 그룹에 당장에는 득이 되지 않는 의견을 내놓을 수도 있는 것이 전문가그룹입니다.

다시, 감사기구 입장에서 전문가그룹은 어떤 특징이 있느냐는 얘기가 되고 말았습니다. 그렇다면 이러한 복합적인 성격을 안고 있는 전문가그룹은 감사기구에 무엇을 기대할까요?

전문가그룹은 자신들의 의견이 감사에 반영되기를 바랍니다. 또 감사에 직접 참여하여 그들의 의견을 반영함으로써 자신들의 영향력을 확인하고 그것이 더 커지길 바랍니다. 전문가그룹은 영향력을 유지함으로써 전문가그룹으로 남겠지요.

〈그림 2-21〉은 감사기구 입장에서 전문가그룹의 위치 내지는 특징을 표현하고 있습니다.

7.3. 전문가그룹과의 파트너십

감사기구가 전문가그룹의 도움과 지지를 얻기 위해서는 상시적인 파트너십이 필요합니다. 해당 분야의 대표성 있는 전문가그룹이 어디인지 파악하는 것이 중요합니다. 특정 이익집단에 치우친 그룹은 오히려 독毒이 될 것입니다.

대표성 있는 전문가그룹과 네트워크를 유지할 수 있도록 자문위원회, 포럼, 연구회 등의 소통 채널을 두는 것도 방법이 되겠습니다. 이렇게 전문가그룹과 채널을 두고 있으면 감사기구가 전문가그룹과의 신뢰를 쌓을 수 있고, 감사기구 직원들이

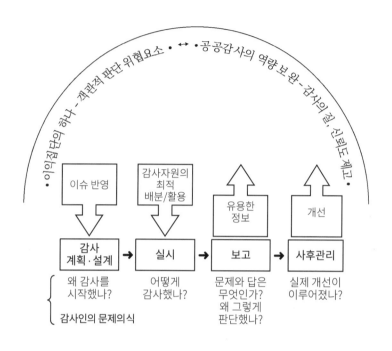

<그림 2-21> 감사기구 입장에서 전문가그룹의 의미

전문가그룹과 소통 · 교류하면서 시야를 넓히는 계기가 될 수
도 있습니다.

√ 전문가그룹의 감사 참여

감사기구의 인력만으로 접근하거나 해석하기 어려운 전문영

역이 있을 수 있습니다. 또한 심도 있는 감사, 결론에 대한 신뢰성 확보를 위해 외부전문가의 참여가 필요한 경우가 있습니다. 전문가가 감사에 참여하더라도 감사에 대한 책임, 감사결론의 판단은 전적으로 감사기구의 몫입니다. 감사기구가 감사에서 외부전문가의 자문을 받거나 감사과정에 직접 참여시키는 경우에 이러한 책임소재를 명확히 인식해야 합니다.

다양한 방식과 수준의 참여가 있을 수 있겠습니다. 예를 들어보면 다음과 같습니다. 인적인 네트워크(인연)에 따라 자문을 얻는 방법도 있겠습니다만, 여기서는 논외로 하겠습니다.

- 자문단을 구성하여 감사의 주요 단계에서 자문을 얻는 방법
- 감사팀의 팀원으로서 참여

감사기구는 감사 참여자의 이해관계 해당 여부를 검증해야 하며, 감사 중 취득한 정보의 취급 절차 등에 대한 기준과 원칙을 세워야 합니다.

√ 감사기구와 전문가그룹의 관계 프레임

지금까지 살펴본 내용을 요약하면 〈그림 2-22〉와 같습니다.

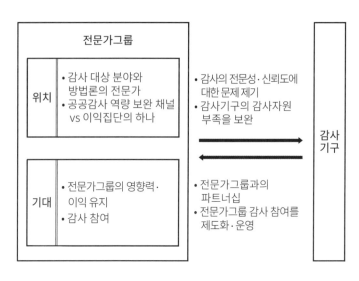

〈그림 2-22〉 전문가그룹과 감사기구의 상호작용

8. 요약 : 이해관계자에 관한 물음은
곧 '감사란 무엇이냐'는 물음

　2장에서는 일종의 사고실험을 통해, 우리 감사의 이해관계자는 누굴까, 그들은 어떤 특성이 있을까, 우리 감사에 무엇을 기대하는가, 감사기구 입장에서 리스크는 무엇인가, 어떻게 기회가 되는가 등의 질문을 해보았습니다. 그리고 그러한 질문을 던지고 답을 생각해 보는 데 도움이 될 만한 틀을 제시해 보고 자 했습니다.

이러한 질문은 '이해관계자들과 어떻게 하면 좋은 관계를 맺을 수 있을까?' '구체적인 방법이 무엇일까?'와는 다릅니다. 저희의 질문은 오히려 '감사가 무엇일까?'라는 것입니다. 감사를 감사기구 내부의 시각이 아니라, 외부의 시각으로 바라보자는 것입니다. 그러면 감사가 새롭게 보일 것이다, 감사에 관해 생각해 볼 다양한 논점이 쏟아져 나올 것이라는 말씀을 드리고 싶었습니다.

이러한 문제의식에서, 사고실험의 도구 내지는 틀로써 '이미지'를 제시해 보았습니다. 예컨대 국민을 '공직자들이 의식하는 눈', '잠재적 폭군'으로 그려 보았습니다. 때로는 이중적 존재로 단순화해 보기도 했습니다. 예컨대 대상기관을 단기적으로는 상반된 성과목표를 가지지만, 장기적으로는 같은 목표를 가질 수 있는 존재로 보았습니다. 〈표 2-1〉은 이러한 내용을 요약해 담고 있습니다.

2장에서 저희 필자들은 공공감사를 바라보는 첫 번째 프레임을 제시하였습니다. 이해관계자와 감사기구의 '기대와 반응', 다시 말해 '이해관계자'와 감사기구의 상호작용으로 공공감사를 보는 프레임이었습니다.

<표 2-1> 공공감사 주요 이해관계자들의 두 측면

이해관계자	위험(Risk)	기회(Opportunity)
국민	'잠재적 폭군'으로서 두려운 존재	판단의 원점
의회	권력자 —긴장관계, 위협요소	후원자 —지원·협력 관계
대상기관	(단기적으로) 상반된 성과목표 —감사성과 vs 기관방어	(장기적으로) 같은 목표 —업무개선
언론	오보—사실관계의 오류, 편향된 해석	감사 발전의 계기 —감사의 콘텐츠 보완, 절차의 개선, 실효성 제고
전문가그룹	이익집단의 하나 —객관적 판단에 위협요소	공공감사의 역량 보완 —감사의 질·신뢰도 제고

또한 '대리인 모델'과 그 확장형으로서 '2환 모델'을 보여드렸습니다. 독자분들이 2환 모델의 빈칸을 채워보면서 '우리 감사기구'의 이해관계자들이 누구인지 생각해 보시길, 그들이 우리 감사기구에 무엇을 바라는지 생각해 보시길 기대해 봅니다.

3

사람, 프로세스, 관계

1. 감사는 어떻게 이루어지는가?

저희 필자들이 공공감사를 바라보는 프레임 2개 가운데 하나를 2장에서 보여드렸습니다. 3장부터는 다른 하나를 보여드리겠습니다. '사람, 프로세스, 관계'라는 프레임입니다.

이번에도 사고실험으로 시작해 보겠습니다. 길동시 감사실 직원들이 길동시의 어느 부서나 사업을 감사하면서 부딪치며 고민하는 모습을 떠올려 봅시다.

- 감사를 하는 **'사람'**이 있습니다. 감사인, 감사관입니다.
- 감사를 하고, 반론이 제기되고, 심의하는 일련의 **'프로세스'**가 있습니다.
- 하루하루 부딪치며 답해야 하는 이해관계자가 있습니다. 우리 감사기구의 현주소와 바라는 미래가 있습니다. 이는 우리 감사기구의 바깥과의 **'관계'**라 할 수 있습니다. 이해관계자는 감사기구의 외부라는 점에서 '공간'적 바깥, 미래는 현재에서 앞을 바라본다는 점에서 '시간'적 바깥이라고 할 수 있습니다.

2. '좋은 감사'에 관한 물음은
곧 '사람, 프로세스, 관계'에 관한 물음

난데없는 이야기에 고개를 갸우뚱하실 수도 있겠습니다. 학창시절 배웠던 연극의 3요소, 4요소를 기억하시나요? 교과서를 다시 펼쳐 보니 배우·관객·희곡을 연극의 3요소라고, 무대·배우·관객·희곡을 연극의 4요소라고 합니다. 이 연극의 3요소 내지는 4요소에 빗대어, 공공감사를 '사람', '프로세스', '관계'라는 3요소로 구성되어 상호작용하는 과정·모습이라는 하나의 '이미지' 내지 '모델'을 그릴 수 있습니다. (〈그림 3-1〉)

감사에 관한 물음들을 간추리고 그 밑바닥으로 내려가 본다면, 결국은 '사람'의 문제, '프로세스'의 문제, '관계'의 문제가 아니겠느냐, 이것이 저희의 생각입니다. '사람, 프로세스, 관계'라는 세 가지 키워드를 통해 감사에 관한 여러 어지러운 물음들을 간추려 번지수를 부여하고, 또 체계적으로 물음을 던지고 답을 찾아 아이디어를 펼쳐 나갈 수 있다는 생각입니다.

〈그림 3-1〉의 세 요소는 하나하나 독립적이지 않습니다. 서로 연관되어 있습니다. 상호작용합니다. 예컨대 '감사관의 전문성

이 중요한데 어떻게 키워야 할까'라는 이슈를 생각해 봅시다. 전문성은 '사람'의 문제이지만 감사 '프로세스'를 전제하는 것입니다. 또한 예컨대 의회나 언론과의 '관계'로 인해 감사기구가 최우선 과제나 핵심가치로 여기는 사안이 있을 수 있습니다. 그렇다면

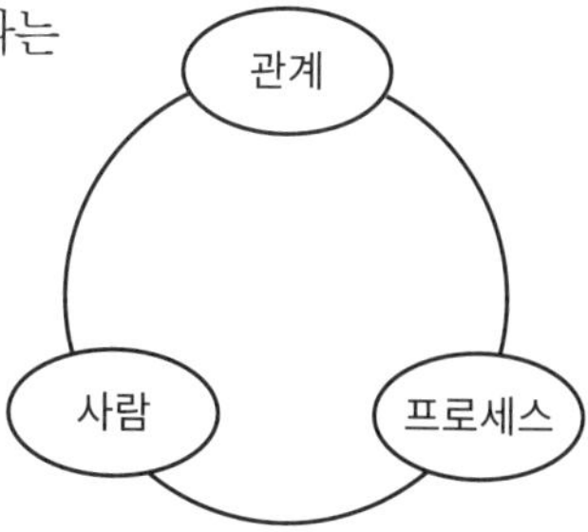

〈그림 3-1〉 공공감사의 3요소

전문성 중에서도 우선시되는 전문성이 존재하게 되겠지요.

저희 필자들이 공공감사는 '사람, 프로세스, 관계'라고 자신합니다만, 어떤 감사, 그리고 감사에 관한 어떤 이슈가 '사람' 하나에, '프로세스' 하나에, '관계' 하나에 들어맞지는 않을 것입니다. 또한 '사람, 프로세스, 관계'라는 좀 더 큰 그림에도 딱 들어맞지는 않을 수 있습니다. 또 다른 측면을, 때로는 가까이서, 때로는 한 걸음 물러나서 살펴봐야 하겠지요.

그럼에도 공공감사를 '사람, 프로세스, 관계'라는 키워드로 도식화하는 것은 감사를 바라보는 좋은 '렌즈', 진단 키트라고 생각하기 때문입니다. 실용적이라 믿기 때문입니다. 공공감사 발전을 위한, '좋은 감사'를 위한 논의에서 '지도map'가 될 수 있다고 믿기 때문입니다.

3. 공공감사의 '3요소 모델'

그럼 좀 더 저희 생각을 이어 보겠습니다. 〈그림 3-2〉를 보시지요. 이 책 4장부터 6장까지의 얼개이기도 합니다. 사람은 4장에서, 프로세스는 5장에서, 관계는 6장에서 각각 다룰 것이기에 여기서는 이 정도로 줄이겠습니다.

〈그림 3-2〉는 사람, 프로세스, 관계라는 3요소에 몇 가지를 더 담고 있습니다. 바로 '핵심가치Core Values'와 '보편가치'입

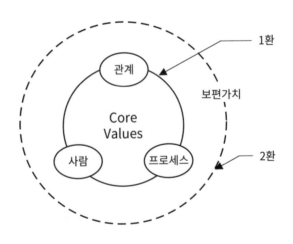

〈그림 3-2〉 공공감사의 3요소와 '2환 모델'

니다. 먼저 핵심가치는 감사기구가 현시점 또는 특정 시점에서 집중·우선시하는 가치, 일종의 캐치프레이즈를 말합니다. 예컨대 '예방 감사', '시스템 감사', '공직기강과 책임성 회복', '감사수요에 부응하는 감사', '혁신을 선도하는 감사' 등과 같은 것입니다. 논리적인 결과물이 아닐 수도 있고, 감사기구나 이해관계자 누구나 공감·동의하는 것이 아닐 수도 있습니다만, 특정 시점에서 감사기구가 캐치프레이즈로 삼으면서 구성원들과 외부에 주려고 하는 메시지를 뜻합니다. 이러한 캐치프레이즈는 감사기구를 움직이는 '동력·에너지' 역할을 합니다. 그래서 〈그림 3-2〉에서 가운데에 두었습니다.

한편 '보편가치'는 감사기구를 기속하는, 달리 말해 감사기구가 의식하고 받아들여야 하는 사회적·시대적 요구, 상식적인 판단기준을 말합니다. 감사기구와 그 구성원은 '보편가치'에 비춰 스스로를 돌아보고 교정해 나가야 합니다. 혹시나 '조직의 논리'나 관행, 자존심, '실적주의', '감사 만능주의'에 빠져 보편과 상식에서 벗어나는 것은 아닌지 경계해야 합니다.

1장에서 제시한 '건강한 판단, 지식의 축적, 성숙한 인격'을 기억하시나요? 감사기구와 그 구성원이 지향하고 만들어 나가야 할 모습과 문화입니다. 다소 도식적이지만, 2환의 '보편가치'를 '건강한 판단, 지식의 축적, 성숙한 인격'으로 겹쳐놓을 수도 있겠습니다. (〈그림 3-3〉)

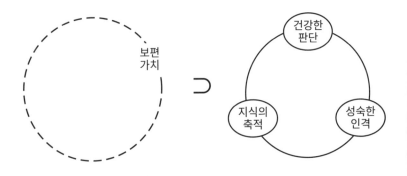

〈그림 3-3〉 '보편가치', 감사기구와 그 구성원에게 다가오는 의미

요약하면 〈그림 3-2〉의 모델은 ① 사람 ② 프로세스 ③ 관계와 ⓐ 핵심가치 ⓑ 보편가치라는 '3+2'의 구성요소로 공공감사가 이루어지는 과정·모습을 도식화하고 있습니다. 저희 필자들은 사람, 프로세스, 관계라는 3요소에 방점을 두어 〈그림 3-2〉를 '3요소 모델'로 부르겠습니다.

4. '3요소 모델'을 통한 이슈 전개

이 모델을 통해 우리 감사기구에 맞는 '좋은 감사'가 어떤 감사인지 '질문을 구성'해 볼 수 있습니다. 독자분들이 이 모델에서 새로운 관점과 아이디어를 얻으시기를, 그것이 바로 저희의 바람입니다.

- 우리 감사기구의 '사람'에 대해 생각해 봅시다, '프로세스'에 대해 생각해 봅시다, '관계'에 대해 생각해 봅시다. 강점과 약점이 보일 것입니다.

- 우리 감사기구의 '핵심가치'에 대해 생각해 봅시다. 현시점의 우선순위를 생각해 봅시다. 그리고 그러한 핵심가치에 비추어 사람-프로세스-관계를 다시 생각해 봅시다.

- 그리고 (우리 감사기구가 잠정적으로 답으로 생각하는) 핵심가치와 사람-프로세스-관계가 '보편가치' 안에 있는지 거울에 비춰봅시다. 혹, 단기적인 응급처방이나 성과를 높인다는 강박증에 '기관 이기주의'에 빠지고 공공감사의 '근본 가치', '대원칙'(다시 말해 '객관적ㆍ독립적 감시자 역할', '적법한 감사 기능 행사', '피감기관 권익 보호' 등)이 가볍게 다뤄지고 있지는 않은가 거울에 비춰봅시다.

저희 필자들은 독자분들이 '핵심가치'를 에너지원으로 삼아, '사람, 프로세스, 관계'를 '보편가치'에 비추어 보기를 기대합니다. 〈그림 3-2〉와 같은 '2환 모델'을 우리 감사기구의 현주소를 진단하고 미래를 생각하는 프레임으로 써 주시길 기대합니다. 이어지는 〈그림 3-4〉는 저희 모델의 요소별 주요 이슈들

을 보여줍니다. 앞으로 차근차근 살펴볼 것입니다. 여기에서는
큰 그림, 전체적인 얼개 정도만 보아주셨으면 좋겠습니다.

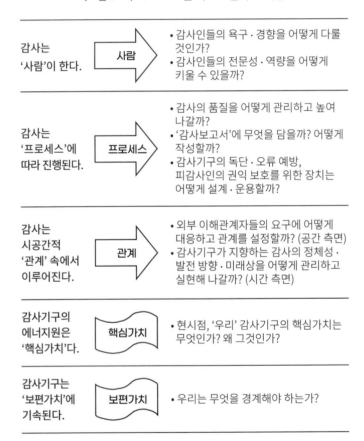

〈그림 3-4〉 '3요소 모델'의 요소별 주요 이슈

감사는 '사람'이 한다.	사람	• 감사인들의 욕구·경향을 어떻게 다룰 것인가? • 감사인들의 전문성·역량을 어떻게 키울 수 있을까?
감사는 '프로세스'에 따라 진행된다.	프로세스	• 감사의 품질을 어떻게 관리하고 높여 나갈까? • '감사보고서'에 무엇을 담을까? 어떻게 작성할까? • 감사기구의 독단·오류 예방, 피감사인의 권익 보호를 위한 장치는 어떻게 설계·운용할까?
감사는 시공간적 '관계' 속에서 이루어진다.	관계	• 외부 이해관계자들의 요구에 어떻게 대응하고 관계를 설정할까? (공간 측면) • 감사기구가 지향하는 감사의 정체성·발전 방향·미래상을 어떻게 관리하고 실현해 나갈까? (시간 측면)
감사기구의 에너지원은 '핵심가치'다.	핵심가치	• 현시점, '우리' 감사기구의 핵심가치는 무엇인가? 왜 그것인가?
감사기구는 '보편가치'에 기속된다.	보편가치	• 우리는 무엇을 경계해야 하는가?

4

좋은 감사는
좋은 '사람'이 한다

1. 왜 '사람'이 문제인가?*

당연한 얘기지만, 감사는 '사람'이 합니다. '3요소 모델'에 비추어 말하자면, 감사인은 '관계'의 그늘(세계) 안에서 '프로세스'에 따라 감사를 합니다. 감사인은 감사기구라는 조직의 일원으로서 조직의 논리·문화·관행에 영향을 받습니다.

한편, 개인으로서 감사인은 성공을 위한 공격성과 더불어 생존을 위한 방어본능이 뒤섞인 복잡한 존재입니다. 감사인도 인간이기에 오류를 범할 수 있습니다. 자신의 것을 지키고자 변화를 싫어하면서도 자신의 것을 궁극적으로 지키기 위해 변화해야 함을 아는 존재입니다. 동시에, 개인적 편견과 조직의 관

---

* 상당수 감사기구는 인력 자체가 절대 부족한 상황입니다. 아마도 길동시 자체감사실은 민원업무, 재직자 재산신고, 퇴직자 이력관리, 국회·감사원·권익위를 비롯한 상급기관의 감사·평가 관련 업무 등 상시업무만으로도 버겁습니다. 그리고 감사'도' 합니다. 다른 업무를 하고서 여력이 있으면 감사'도' 한다는 뜻입니다. 이런 상황이라면 인력 부족 문제부터 풀어야 합니다. 길동시 감사실의 업무와 인력 상황부터 분석하고 의사결정 그룹의 공감을 얻어내야 합니다. 이 장이 그러한 작업에도 도움이 되기를 기대해 봅니다.

성에 사로잡혀 절대 변하지 않으려고 하는 존재이기도 합니다. 한마디로, '한마디로는 단정할 수 없는' 존재입니다. 이러한 '사람'이 하는 감사를 생각할 때, 두 가지 물음이 떠오릅니다.

- 첫째, 감사인들의 **욕구**와 **경향**을 어떻게 관리할 것인가?
- 둘째, 감사인들의 **전문성**과 **역량**을 어떻게 키울 것인가?

1.1. 욕구와 경향

첫 번째 물음에서 감사인들의 욕구와 경향이란 무엇을 뜻할까요? 그리고 왜 문제일까요?

감사인들은 법규에 따라 공정하게 감사를 수행하고 업무를 개선하도록 훈련을 받고 노력합니다. 그리고 성과를 냅니다. 그러나 감사 실무에서 감사인들은 부정적인 모습과 관행을 보이기도 합니다. 예컨대 다음과 같은 것들입니다.

- 익숙한 테마, 지적사항이 나오는 테마만 보려는 경향이 있습니다. 또 어떨 때는 '이번 감사는 달라야 한다'는 강박증에 시달리기도 합니다.
- 감사실적·성과를 목표로 감사 범위를 넓히면서 전력을 다합니다. 감사를 감사관의 권한으로 여깁니다. 또 어떨 때는 '이번 감사는 어렵다'면서 소극적으로 되기도 합니다. 감사를 두려워하고 피하려 합니다.

⟨그림 4-1⟩ 감사유형에 따른 감사관들의 행동유형

감사유형 I	감사유형 II
정기감사, 일반감사, 종합감사, 기관운영감사…	특별감사, 특정감사, 특정사안감사, 부문감사, 성과감사, 계통※※감사…

■ **익숙한 테마, 지적사항이 나오는 것만 보려는 경향**
- 큰 기관을 감사할 때나, 작은 기관을 감사할 때나 똑같은 스타일로 감사
- 실적이 나오지 않는 감사니 '적당히 힘쓰자'며 스스로 목표 기준 낮춤
   * *저함량 감사*

⇔ ■ **'이번 감사는 달라야 한다'는 강박증 유형**
- 감사를 했으니 지휘부 또는 외부에서 원하는 답을 내야 한다는 생각
- 계기·이유가 있어 시작된 감사니만큼 처분 강도가 세야 한다는 생각
   * *꿰맞추기 감사, 특별양정 감사*

■ **일반감사·종합감사이니 '뭐든지 다 볼 수 있다'는 유형**
- 권한 바깥 영역까지 넘나들면서 감사를 '감사관 본인'의 권한으로 생각
- 감사실적·성과가 나올 때까지 쥐어짜는 것을 당연시
- (대상기관이 많아 감사 주기를 지키기 어려운 상황에서) 주관적·자의적인 감사 대상 선정 소지
   * *저인망식 감사, 먼지떨이식 감사*

⇔ ■ **이 방식의 감사는 '어렵다'며 두려움을 갖는 유형**
- 감사 대상에 관한 기초·전문지식 획득, 자료 분석 등 감사방법론에 대한 두려움
- 루틴한 일반·종합감사에 비해 그때그때 새로운 감사보고서를 작성해야 한다는 스트레스와 두려움
   * *"우리더러 연구보고서를 쓰라는 것입니까?"*

■ **지적사항 위주의 보고서**
- 감사 경위나 실태에 관한 내용 없이 지적사항만 수록하는 선례답습형
   * *'유용한 정보'가 부족한 감사*

⇔ ■ **'실태분석 위주 감사'의 경우 지적·처분요구가 없는 만큼 보고서만 무난하게 쓰면 된다는 유형**
- '실태분석'은 대상기관·인터넷 자료 짜깁기하면 되고, 결국 감사는 '지적하는 것'이라는 생각
   * *언뜻 그럴듯해 보이지만 알맹이는 없고 종전과 똑같은 감사보고서*

앞의 〈그림 4-1〉은 다소 이분법적이긴 합니다만, 감사유형 별로 감사관들의 행동방식을 비판적으로 유형화해 본 것입니다. 감사기구마다 구분방식이나 명칭이 다양합니다만, 여기에서는 두 가지로 대분해 보았습니다.

1.2. 전문성과 역량

이번에는 두 번째 물음을 조금 더 살펴봅시다. 감사인의 전문성과 역량이 왜 문제일까요?*

감사기구가 다뤄야 하는 이슈의 상당수는 모두가 만족하고 동의할 만한 '정답'을 찾기 어렵습니다. 복잡합니다. 이해관계가 첨예합니다. 이리 보면 이것이 맞고 저리 보면 저것도 맞습니다. 판단은 차치하고, 팩트조차도 경계선상에서 '입장'에 따라 선택될 뿐이라는 착잡한 마음입니다. 합규성의 잣대로 분명하게 정오正誤를 구분할 수 있는 사안도 있겠습니다만, 그렇지 않은 사안이 더 많습니다.

---

* '전문성'과 '역량'은 비슷하지만 약간은 차이가 있습니다. '전문성'이 특정 분야나 주제에 대한 깊이 있는 지식과 경험에 방점이 있다면, '역량'은 그에 더하여 태도·가치·리더십 등을 포함하는 좀 더 종합적인 능력입니다. 여기서는 전문성과 역량을 엄밀하게 구별할 실익은 크지 않지만, 실무에서 많이 쓰이고 있는 만큼 문맥에 따라 적절히 구분하였습니다.

그리고 컴퓨터와 인공지능AI의 시대입니다. 초보적인 오류는 자동으로 필터링되고 교정되는 시대입니다. 그렇기에 감사인의 '판단'이 중요합니다. 그렇기에 감사인 한 사람 한 사람이 균형 잡힌 전문가가 되어야 합니다. 감사인이 지혜로워야 합니다.

감사인의 전문성이란 무엇일까요? 뒤에서 다시 다루겠습니다만, '감사방법론'에 관한 전문성과 '감사 대상 분야'에 대한 전문성을 갖추어야 합니다.

여기서 꼭 짚어두고 싶은 것은, 감사인이 전문가가 되어야 하고 지혜로워야 한다고 해서 이것이 감사인 개인의 문제라는 얘기는 결코 아니라는 점입니다. 감사인 개인에게만 맡겨둘 문제가 아니지요. 감사기구 차원에서 '지식의 축적'이 필요합니다. 전문가를 존중하고 키우는 조직문화가 중요합니다.

1.3. 바람직한 감사인의 모습

저희 필자들은 감사를 하는 '사람'에 관한 근원적인 두 가지 물음을 던졌습니다. 감사인들의 '욕구와 경향'을 어떻게 관리할 것이냐, '전문성과 역량'을 어떻게 키울 것이냐. 물음을 던졌으니 답을 드려야겠지만, 일문일답, 즉답은 어려울 듯합니다. 비유하자면, 물음도 답도 모두 손에 딱 잡히는 고체가 아니라 윤곽부터 뚜렷하지 않고 그때그때 모양을 달리하는 안개 같기 때문입니다. 이 장章과 이 책 전반에 걸쳐 저희의 고민과 답을 최선을 다해 적어보는 수밖에 없습니다.

이 대목에서 (답을 찾아가는 첫 단계로) 저희 필자들은 어려운 질문을 던져 봅니다. 그렇다면 바람직한 감사인이란 어떤 사람일까요? 우리 감사기구는 어떤 직원(감사인)을 원하는 것일까요? 그런 사람을 어떻게 선발하고 키워낼 수 있을까요?

'지향점'에 관해서는 1장에서 이미 답을 드렸다 싶습니다. 기억하시지요? 세 가지 키워드, '건강한 판단', '지식의 축적', '성숙한 인격' 말입니다.

감사인은 건강한 판단, 지식의 축적, 성숙한 인격을 지향하고 갖춰나가야 합니다. 그리고 감사기구도 건강한 판단, 지식의 축적, 성숙한 인격을 지향하고 갖춰나가야 합니다. 이 3개의 키워드로 일상과 업무 프로세스를 점검하고 제도를 정비하고 문화를 만들어야 합니다. 저희 필자들의 바람입니다.

이제 '인적자원'과 '전문성'을 키워드로 '사람'에 관한 얘기를 좀 더 이어가 보도록 하겠습니다. 지향점에 이어지는 이야기이니 '방법론'이 되면 좋으련만,

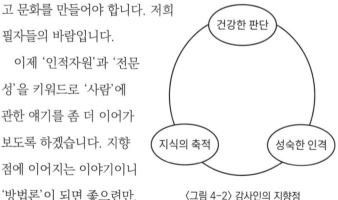

〈그림 4-2〉 감사인의 지향점

그럴 만큼 엄밀하지는 못하다 싶습니다. 역시나 '방향성'에 관한 얘기가 되겠습니다.

2. 인사관리, 인적자본 관리, 인적자원 관리

여기서 잠시 용어에 관하여 생각해 보겠습니다. '인사관리', '인적자원human resources 개발', '인적자본human capital 관리' 등의 용어가 있습니다. 우선 저희 필자들은 이 책에서 인적자본과 인적자원을 구분해야 할 실익은 없다고 보았습니다. 인적자본에 관해서는 경제학에서 쓰는 개념이다, 교육·훈련 등을 통해 축적된 지식이나 기술과 같이 노동생산성을 향상시키는 노동의 질적인 측면을 의미한다, 경제성장론에서 물적자본과 인적자본을 포괄하여 자본이라 한다… 등의 설명이 있습니다. 반면에 인적자원은 경영학에서 쓰는 개념이다, 물적자원, 재무자원, 정보자원 등과 함께 기업을 구성하는 자원의 하나로 보는 것이다… 등의 설명이 있습니다. 인적자본이든 인적자원이든, 사람을 '투입-산출 과정'의 한 요소로 본다는 점에서 철학적 출발점은 같다고 하겠습니다.

그리고 '인사관리'와 '인적자원 관리'를 대비하기도 합니다. 인사관리가 말 그대로 인사人事를 관리하는 수준이라면, 인적자원 관리는 핵심인재 확보, 능력개발, 평가와 보상 연계 등을 기업전략과 연계하여 관리하고 조직과 개인의 목표를 함께 달성하려는 것이라고 합니다. 이렇게 둘을 대비시키기도 하는 반면, 인적자원을 관리하는 것이 인사관리라고 함으로써 인사관리를 큰 개념으로 보기도 합니다.

　이 분야 전문가들께는 죄송한 말씀이지만, 저희는 이들 용어를 엄밀하게 구분하지 않은 채, '인적자원'이라는 용어를 쓰면서 저희의 메시지를 전달하는 데 주력하려 합니다. 전문 분야에 따라 특정 용어를 더 강조·선호할 수도 있겠습니다만, 저희 필자들은 사람과 조직의 목표를 '함께 달성'하는 것을 목표로 선발, 훈련, 일, 평가, 보상 등을 '전략적으로' 관리해야 한다는 데는 대체로 공감하리라 생각합니다. 이러한 공통분모를 포괄적으로 '인적자원 관리'라고 부르면서 논의를 풀어나가려 합니다.

　'자원 관리'라는 표현은 다른 것보다 좋은 자원을 발굴하여 잘 가공해서 자원으로서의 가치를 높이고, 그것이 쓰이는 곳에서 높은 효율을 내도록 한다는 일련의 공정工程 내지는 생애주기life cycle를 전제하고 있습니다. 사람을 자원으로, 사물로, 관리대상으로 보는 것에 대하여 불편함을 느끼는 분들도 있으실 겁니다. 저희 필자들 역시 마찬가지입니다. 사람을 그렇게 보는 조직에서 구성원은 조직의 관리대상으로서 '소외疏外'된 존재일 따름입니다. 사람을 그렇게 보아서는 아무리 선의에서 출발한 목표라 하더라도 온전히 이루어지기는 어려울 것입니다.

다시 한번 강조하거니와 저희 필자들은 감사기구와 감사인이 함께 성장하고 성숙해져야 한다고 믿습니다. 앞서 '건강한 판단', '지식의 축적', '성숙한 인격'을 말씀드렸지요. 그것은 감사기구(조직)가 감사인(구성원)을 그렇게 키워내야 한다는 뜻이 아닙니다. 감사기구가 감사인과 함께 그렇게 되어야 한다는 뜻입니다. 굳이 무게중심, 선후 관계를 정한다면, 감사기구가 먼저 건강하게 판단하고, 지식을 축적하며, 성숙한 인격을 지향하는 조직과 문화의 집합체가 되어야 한다는 뜻입니다. 감사기구가 감사인(구성원)에게 무엇을 요구하기보다는 감사인이 성장하고 성숙할 수 있는 공간이 되어야 한다는 뜻입니다.

이러한 전제와 맥락에서 저희 필자들은 '인적자원 관리'라는 용어를 쓰고자 합니다. 그래야만 감사기구와 감사인 개개인의 발전과 성숙이 있을 수 있다고 믿습니다.

3. 인적자원 '구성'과 '관리'

감사기구 입장에서 '사람'의 문제는 크게 다음 두 가지 이슈를 담아야 합니다.

● 첫째, 우리 감사기구는 어떤 인적 구성을 지향할 것이냐는 것입니다. 곧 인적자원 '구성'의 문제입니다.

● 둘째, 감사인을 어떻게 선발하고, 훈련하고, 동기부여하고, 일을 시키고, 평가할 것이냐는 것입니다. 곧 인적자원 '관리'의 문제입니다.

4. 인적자원 '구성'

인적자원의 '구성'부터 얘기해 보겠습니다. 감사기구에 충분한 인원과 예산이 주어지면 좋겠지만, 현실은 그렇지 못합니다. 국가최고감사기구인 감사원은 중앙부처, 지방자치단체, 공공기관 등이 적정 규모의 자체감사부서를 두도록 권고하고 이를 자체감사활동에 관한 주요한 평가지표로 삼고 있습니다. 감사원이 자체감사에 대한 평가지표로 그런 요건을 두고 있다는 것은 감사기구들의 인적 구성이 충분하지 못하다는 반증이기도 합니다. 감사기구들은 인력과 예산 확충에 공을 들이는 것이 당연하겠지만, 주어진 여건 아래에서 방도를 찾는 것도 현실에서는 중요합니다. 어쩌면 이것부터 해야겠지요.

이와 같은 현실적인 제약을 전제하고 논의를 시작해 보자면,

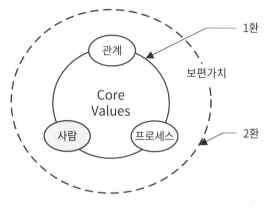

〈그림 4-3〉 사람 – 공공감사의 3요소 중 하나

감사기구의 인적 구성을 어떻게 가져갈 것이냐에 정답은 없습니다. 감사기구마다 다를 수밖에 없기 때문입니다. 특히 감사기구가 기관 전체의 한 부분인 경우, 다시 말해 자체감사부서인 경우, 독자적인 채용 권한·절차를 갖기 어렵고 소속기관의 인력 풀pool 안에서 제약을 받을 수밖에 없습니다.

〈그림 4-3〉의 '3요소 모델'은 '우리' 감사기구의 인적 구성이 적절한지와 보완할 부분이 무엇인지를 살펴보는 출발점이 될 것입니다. 어떤 '사람'이 필요하냐, 얼마나 필요하냐, 어떻게 키우냐는 기본적인 물음에서 시작하고, 이를 '프로세스'와 '관계'에 비춰보자는 것입니다.

4.1. 감사인의 '2방향' 전문성

간단한 질문으로 시작해 봅시다. '감사인의 전문성이란 무엇일까요?' 다른 직군·부서의 사람들과 차별되는 전문감사인으로서 역량이란 무엇일까요? 필자들은 감사인의 전문성이 '감사방법론(ⓐ)에 관한 전문성'과 '감사 대상(ⓑ)에 대한 전문성', 두 측면으로 구성된다고 생각합니다.

〈그림 4-4〉 감사인의 '2방향' 전문성

감사인의 전문성	=	감사방법론에 관한 전문성(ⓐ)	+	감사 대상에 대한 전문성 (ⓑ)

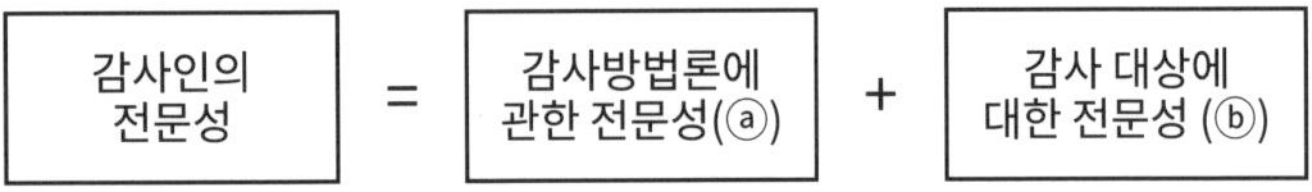

감사기구는 감사방법론(ⓐ)에 관한 소양을 갖추고, 아울러 감사 대상 분야·업무에 접근할 수 있는 백그라운드를 갖춘 감사인이 필요합니다. 감사기구마다 감사의 방식이나 여건에 차이가 큽니다. 그렇기에 감사방법론을 일률적으로 얘기하기는 어렵겠습니다만, 대표적인 방법론을 꼽아본다면 〈표 4-1〉과 같습니다.

감사인이 전문성을 갖추어야 할 감사 대상 분야·업무(ⓑ) 역시 당연히 감사기구에 따라, 감사기구가 소속된 기관에 따라

〈표 4-1〉 대표적인 감사방법론

❶ 재무분석	• 재무정보의 해석 · 분석
❷ 법리검토	• 법률적인 쟁점사항 검토
❸ 조사 · 확인	• 기준 · 규정에의 부합여부 확인 • 비위조사 · 사실관계 추적 등 직무감찰
❹ 자료수집 · 분석	• 경제성 · 능률성 · 효과성 등 분석적 감사 • 분석모델에 입각한 원시자료의 수집 · 작성 · 분석
❺ 조사설계	• 설문지 · 인터뷰 등 사회조사설계, 회귀분석 · 시뮬레이션 등 통계분석

다를 것입니다. 예컨대 그 기관의 주요 업무('환경부 감사실'이라면 '환경부'의 주요 업무)를 떠올려 볼 수 있겠습니다.

감사원의 예를 들어보겠습니다. 감사원의 감사 대상 분야와 기관은 대단히 폭이 넓습니다. 어느 기관이나 비슷한 고민을 안고 있겠습니다만, 감사원 역시 A 분야에 몇 명, B 분야에 몇 명, C 분야에 몇 명과 같은 명확한 선발 · 배치 기준을 갖고 있지는 않을 것입니다. A, B, C와 같은 분야조차도 명확한 구분이 없을 것입니다. 그때그때 중점을 두고 선발하는 분야가 있을 수 있고, 어떤 분야에 중점을 두어 직제를 개편하여 우수한 직원을 안분 · 배치하는 방식이라는 표현이 실제에 가까울 것입니다.

이 책에서 필자들은 감사원이나 어느 기관의 인사 제도를 소개하거나 논평하려 하지는 않습니다. 다만, 생각을 전개해 나갈 때 도움이 될 도구 내지는 틀을 제시해 보려 합니다. 앞으로 이 장에서 감사원이 종종 예로 등장합니다만, 가상의 사례일 뿐입니다. 감사원이 우리나라의 대표적이면서 독자들에게 익숙한 감사기구여서 필자들이 얘기를 풀어나가기에 편리하겠다 싶어 끌어온 이름입니다.

다시 감사인의 전문성 중에서 감사 대상 분야(ⓑ)에 관한 얘기로 돌아오지요. 감사원을 두고 사고실험을 해 본다면, 감사원의 감사 대상 분야를 어떻게 나누어 볼 수 있을까요? 여러 방식이 있겠지만, 여기서 필자들은 ㉠ 재정금융, ㉡ 산업환경, ㉢ 사회복지, ㉣ 행정안보, ㉤ 자치행정, ㉥ 공직감찰 6개 분야로 나누어 보았습니다.

4.2. 감사기구의 인적 구성에 관한 지도

이제 '감사방법론(ⓐ)'과 '감사 대상 분야(ⓑ)'를 조합하여 매트릭스를 만들어 보겠습니다. 〈표 4-2〉를 보면 직관적으로 이해가 될 것입니다.

위와 같은 '감사방법론-대상 분야 매트릭스'를 우리 감사기구와 소속기관의 특성에 맞춰 만들어 볼 수 있습니다. 예컨대 대상 분야 칸에 우리 기관(예컨대 '환경부', '길동시' 등)의 주요 업무를 대분하여 넣어 보는 겁니다.

〈표 4-2〉 감사기구의 인적 구성(감사원 대상 사고실험 사례)

대상 분야 방법론	재정 금융	산업 환경	사회 복지	행정 안보	자치 행정	공직 감찰
재무분석						
법리검토						
조사·확인						
자료수집·분석						
조사설계						

〈표 4-3〉 감사기구 인적 구성을 위한 '감사방법론-대상 분야 매트릭스'

대상 분야 방법론	A	B	C	D	E	F
재무분석						
법리검토						
조사·확인						
자료수집·분석						
조사설계						

이처럼 '감사방법론(ⓐ)'과 '감사 대상 분야(ⓑ)'를 조합해보면, 우리 감사기구의 인적 구성에 관한 지도map를 얻을 수 있습니다. 예컨대 우리 감사기구 직원 20명을 매트릭스의 셀cell에 대입해 봅시다. 그러면 어떤 셀에 인력이 편중되어 있는지,

꼭 필요한 분야에 사람이 없는 불균형도 드러날 것입니다. 또 사람이 필요하다는 생각을 미처 못했는데, 지금 보니 꼭 필요한 분야의 인원이 보일 수도 있습니다. 요컨대 우리 감사기구의 직원들이 각 셀에 어떻게 분포되는지를 살펴보자, 이것이 바로 지도라는 것입니다.

√ 인적 구성 지도로 현재와 미래를 그려본다

이러한 지도는 감사기구가 처한 상황과 우선순위를 살펴보고 감사기구의 인력을 조정할 때 출발점이 될 수 있습니다.

어느 기관에서 직원들이 내부정보를 이용해 투기를 했다고 가정해 봅시다. 그로 인해 사회적으로 비난을 받는 상황이 벌어집니다. 이에 따라 그 기관 자체감사기구의 최우선 목표Core Value는 '비리 근절'과 '청렴성 제고' 쪽으로 무게중심이 옮겨집니다. 그렇다면 자체감사기구의 '인적 구성'도 '법리검토'나 '조사·확인'(감사방법론), 그리고 '공직감찰'(감사 대상 분야) 쪽으로 비중이 옮겨져야 할 것입니다. 이런 상황에서 감사기구 운영의 방향과 인적 구성을 고민한다면 위와 같은 지도가 요긴한 도구가 될 것입니다.

이 같은 지도는 미래, 예컨대 10년 후 우리 감사기구의 인적 구성을 어떻게 가져갈 것이냐에 관한 청사진이 될 수 있습니다. 〈표 4-3〉과 같은 매트릭스에서 셀별로 비율을 어떻게 가져가느냐 하는 것이지요.

앞서도 말씀드렸지만, 모든 사람이 동의하는 확정적이거나 이상적인 인적 구성이란 있을 수 없습니다. '3요소 모델'에 비추어 보면, 감사기구의 핵심가치부터 영원한 것도 확정적인 것도 아닙니다. 핵심가치가 변동·조정된다면 이를 실현하기 위한 인적 구성도 함께 변동·조정되어야만 합니다.

4.3. 우리 감사기구에 맞는 인적자원 구성

우리 감사기구의 '바람직한 인적 구성'이 무엇이냐는 질문은 다음과 같은 질문들로 나눌 수 있습니다.

• 우리 감사기구의 감사 대상 분야·업무는 무엇인가? (어떤 덩어리로 나눌 수 있는가?)

• 현재 우리 감사기구의 주된 감사방식은 무엇인가? 그리고 앞으로 어떤 방향으로 나아가려고 하는가?

• 우리 감사기구의 '핵심가치'는 무엇인가? 다시 말해 현재 최우선시하는 가치는 무엇인가?

• 현실적인 제약하에서(예컨대 예산·근무 여건 등으로 인하여 변호사·회계사·전문자격소지자 등을 채용·유지하기 어려운 현실에서) 차선의 현실적인 방안은 무엇일까?

이러한 질문에 대한 답은 감사기구마다 다를 것입니다. 자치단체의 감사기구와 공기업의 감사기구가 다를 것이고, 자치단체라 하더라도 주요 사업·현안이 무엇이냐, 단체장의 철학 등에 따라 다를 것입니다.

이 책이 모든 감사기구에 들어맞는 '정답'을 드리지는 못합니다. 하지만 우리 감사기구가 인적 구성에 관하여 고민할 때 어떤 질문이 필요한지를 짚어 보고 도움이 될 사고의 틀을 제시해 보고자 했습니다.

5. 인적자원 '관리'

인적 '구성' 다음 문제는 '관리'입니다. 감사인 선발−훈련−일(업무)−평가 등에 관한 제도와 프로세스를 구축하고 감사인의 커리어패스(career path, 경력 경로)를 관리하는 일입니다.

인적자원의 구성이 '전략'이라면 관리는 '전술'이라고 할 수 있습니다. '구성'에 관한 전략 아래, 큰 그림을 설정해 두고서, 선발−훈련−일(업무)−평가에 관한 기준·스케줄을 마련하고 관리해야 합니다. 선발과 훈련, 일을 통한 적합자(전문감사인) 육성과 평가는 '지향하는 인적 구성'이라는 큰 그림을 전제하고 이뤄져야 합니다.

그런데 '관리'와 관련된 제도나 논점은 그 가짓수가 많아 이 책에서 일일이 다루기에는 적절치 않습니다. 여기서는 교과서적인 얘기를 하기보다는 저희 필자들이 중요하게 여기는 몇 가지만 강조하려 합니다.

√ 인적자원 관리를 하는 이유, 목표가 있어야 한다

필자들이 하고 싶은 얘기는 단순합니다. 감사인 선발—교육훈련—일—평가는 왜 하는 것인가요? 좋은 감사인을 키우려는 것입니다. 그럼 어떤 감사인이 좋은 감사인일까요? 앞서 제시했던 '건강한 판단, 지식의 축적, 성숙한 인격'에 부합하는 감사인입니다.

감사인 선발—교육훈련—일—평가에 관한 여러 제도와 절차가 있습니다. 제도 자체를 개선할 부분도 있을 터이고, 운용을 개선할 부분도 있을 것이며, 원칙에 충실해야 할 부분도 있을 겁니다. 저희 필자들은 그러한 작업의 목표를 '건강한 판단, 지식의 축적, 성숙한 인격'에 둬야 한다고 주장하는 것입니다.

- 건강한 판단을 위해, 감사인의 판단 능력을 기르기 위해 무엇을 해야 하나?
- 지식의 축적을 위해, 감사인 개개인이 감사방법론과 대상

분야에서 전문성을 쌓기 위해 무엇을 해야 하나?

- 성숙한 인격을 위해 무엇을 해야 하나?
- 이러한 목표와 요구 수준에 따라오지 못하는 사람들을 어떻게 걸러낼 것인가?

√ '작은 성공'부터 하나하나 쌓아나가야 한다

인적자원 관리에 바람직한 제도와 프로세스를 어떻게 도입할 것이냐, 어떻게 인사혁신을 이뤄낼 것이냐도 중요하지만, 실무에서는 '주어진 조건'에서 어떻게 꾸려나갈 것이냐, 근본적인 혁신은 아니더라도 '작은 성공'을 어떻게 쌓아나갈 것이냐가 더 중요하고 현실적인 숙제입니다.

이 책이 다루고 있는 공공감사는 국가·자치단체·공공기관의 감사기구에 관한 이야기입니다. 그런데 국가·자치단체·공공기관의 감사기구는 독자적으로 감사인을 채용하지 않습니다. 소속기관에 채용되어 재직 중인 직원들 가운데 한 사람이 감사부서에서 근무하면서 감사인이 되는 것입니다. 『공공감사에 관한 법률』(이하 '공감법'으로 약칭) 등에 감사부서에 근무하는 직원에 관한 조항(예컨대 선발·배치에 감사부서 장長의 의견이 존중되어야 한다거나 근무성적평가가 감사 대상부서와 별도로 이뤄져야 한다는 규정 등)이 있지만, 감사기구의 장에게 직원 선발—교육훈련—평가 등에 관한 전권이 부여되어 있지는 않습니다. 공감법에 위와 같은 규정이 들어가 있는 것은 감사기구에 인사에 관한 권한이 없었음을 반증하기도 합니다.

√ 구성원 개개인을 존중하며 커리어패스를 함께 만든다는 공통목표가 있어야 한다

'관리'라고 하면 감사인을 '대상'으로 취급하는 인상이 듭니다. 감사기구가 '인적 구성'에 관한 목표를 세우고 이를 달성하기 위해 감사인을 선발하고, 교육훈련하고, 일을 통해 감사인을 육성하고, 평가하는 전 과정에서 감사기구가 '주체'이고 감사인은 '대상'이라는 느낌이 듭니다.

그런 인상이 들 수도 있겠습니다만, 저희 필자들이 드리려는 메시지는 다릅니다. 인적자원 관리는 감사기구와 감사인의 상호작용으로 봐야 한다는 것입니다. 그래야 발전이 있을 수 있다는 것입니다. 앞으로 계속 살펴보겠지만, 감사인 관리에 관한 제도나 운용에 변화를 줄 때 감사기구(보다 실무적으로는 감사기구의 장이나 관리층)는 감사인의 특성과 문화를 놓쳐서는 안 됩니다. 감사인의 특성과 문화에 주목하고 그곳에서부터 출발할 때 발전이 있을 수 있기 때문입니다.

예컨대, 감사인별로 전문 분야를 갖도록 하고 이를 지원·관리한다고 가정해 봅시다. 감사부서에 배치된 직원들에게 감사기구의 장이 주특기를 부여하고 전문교육기관에 보내어 감사실무에서 해당 분야를 계속 맡기는 방식을 우선 생각해 볼 수 있겠지요. 실용적입니다. 하지만 이에 앞서 감사인 개개인의 백그라운드와 선호를 파악·존중하고 감사인 본인의 커리어패스를 스스로 그려볼 수 있도록 인사제도의 세세한 부분까지 고민·보완해 주어야 할 것입니다.

6. 인적자원 확충, 역량 강화 모델

감사인의 선발—교육훈련—일—평가에 관한 다양한 이슈들은 두툼한 '인사·조직론' 교과서 한 권으로도 부족할 것입니다. 인사·조직론 교과서를 다시 펼쳐 보는 일도 물론 필요하겠지만, 저희 필자들은 INTOSAI*와 감사연구원 등에서 감사기구의 전문성 제고를 위해 제시한 내용을 소개하며 마무리하고 싶습니다.

* International Organization of Supreme Audit Institution, 세계감사원장회의. 각국 최고감사기구(우리나라의 경우 감사원)로 구성된 국제기구로 1953년 설립되어 2024년 현재 195개 회원국이 있습니다.

INTOSAI나 감사연구원의 요목(모델)은 감사인의 감사역량을 확충하기 위한 실용적인 관점을 제시합니다. 이 요목들에 비추어 보면 우리 감사기구가 부족한 부분이 드러날 것입니다. 그뿐만 아니라 감사역량에 관한 새로운 관점과 통찰을 얻을 수도 있습니다.

6.1. INTOSAI 인적자원 확충 모델

2020년 12월 INTOSAI는 『최고감사기구를 위한 전략 경영 편람』(*Strategic Management Handbook for Supreme Audit Institutions*)을 발간했습니다. 이 편람은 INTOSAI가 회원국 최고감사기구의 관리와 감사 운영, 발전 방향 등에 관해 그간 진행한 여러 워킹그룹의 연구 결과물과 기왕의 발간물 등을 종합하고 업데이트한 것입니다. 한마디로 INTOSAI의 종합판이라고 할 만한 자료입니다.

〈그림 4-5〉는 이 편람의 골격이라고 할 수 있는데, 최고감사기구의 현주소를 평가하기 위한 틀framework과 주요 요목을 제시하고 있습니다. 〈그림 4-5〉를 왼쪽부터 읽어나가면서 요목들을 간추려 보겠습니다.

• 첫째, 최고감사기구(SAI)*가 활동하는 여건, 다시 말해 독립성과 법률적 기반에 관한 물음입니다.

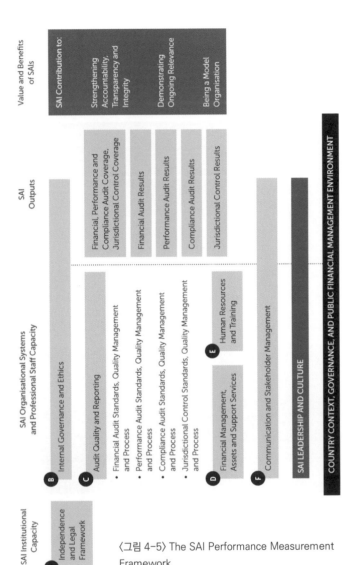

<그림 4-5> The SAI Performance Measurement Framework

• 둘째, 최고감사기구의 조직 수준에서의 역량을 가늠하는 주요 요소들입니다. 좀 더 구체적으로는 거버넌스, 감사품질, 예산, 인적자원, 이해관계자 등 5가지로 대분하고 있습니다.

• 셋째, 최고감사기구의 산출물outputs, 다시 말해 감사결과와 판단의 품질과 신뢰도 문제입니다.

• 넷째, 최고감사기구의 리더십과 문화, 최고감사기구와 외부의 관계입니다.

• 다섯째, 최고감사기구가 궁극적으로 창출하는 가치에 관한 물음입니다.

그럼 위 INTOSAI의 편람에서는 인적자원에 관해 어떤 얘기를 할까요? 〈그림 4-6〉에 요약해 보았습니다.

편람에서는 최고감사기구의 업무를 감사audit, 사법적 기능 jurisdictional control, 지원업무overhead 세 가지로 대분하여 필요한 인적자원 등을 살펴보고 있습니다. 회원국마다 최고감사기구의 기능이 다른 상황에서 감사와 사법적 기능이 무엇인지 논하는 것은 얘기가 복잡해질 듯합니다. 여기서는 단순하게 감사와 지원업무 두 가지로 대분하여 INTOSAI 편람의 내용을 간

---

* SAI: Supreme Audit Institution,국가최고감사기구. 예컨대 우리나라의 감사원, 미국의 GAO, 영국의 NAO.

추려 보겠습니다.

■ 1단계 : 필요한 인적자원 산정

편람은 이상적으로는 인력의 근무시간 기록을 토대로 필요한 인력을 산정해야 한다고 합니다. 하지만 직원 한 사람 한 사람의 실질적인 근무시간을 정확하게 계산해내고, 이를 구체적인 업무별로 구분하는 일이 말처럼 쉽지는 않을 것입니다. 이에 편람에서는 감사업무와 지원업무 가운데 핵심업무core work를 규정하고 거기 소요되는 일반적인 시간을 분석하는 것을 대안으로 제시합니다. 이를 토대로 최고감사기구 수준에서 필요한 인적자원 규모를 산정해볼 수 있다는 것입니다. 편람은 재

```
┌─────────────────┐
│ (1단계) 필요한     │   감사인력과 지원인력, 그리고 분야별 전문인력
│ 인적자원 산정      │   (재무감사, 성과감사, 법률검토 등)이 얼마나 필
└─────────────────┘   요한지 산정
         ↓
┌─────────────────┐
│ (2단계)          │   현재 가용한 인력 수준 분석
│ 현수준 분석       │
└─────────────────┘
         ↓
┌─────────────────┐
│ (3단계)          │   필요 대비 현수준 간 차이를 보완하기 위한 단기
│ 차이gap 보완      │   및 장기 대책 추진
└─────────────────┘
```

〈그림 4-6〉 INTOSAI 인적자원 분석과 보완 모델

무감사의 경우 감사 대상기관의 규모를 주요 고려 사항으로 삼을 수 있으나, 성과감사의 경우 표준화하기가 어렵고 재무감사 대비 소요시간이 더 큰 경향이 있다고 지적합니다. 또한 핵심 업무별 소요시간을 산정할 때는 투입되는 관리자와 실무자의 구성, 경험의 많고 적음, 요구되는 감사방법론 등도 고려해야 한다고 지적하고 있습니다.

■ **2단계 : 현수준 분석**

현재의 보유인력을 분석할 때는 가용률utilization rate을 감안해야 합니다. 10명이 있다고 해서 10명 모두 일할 수 있는 것은 아니기 때문입니다. 예컨대 질병 휴직 등 예측할 수 없는 상황을 고려해야 합니다. 편람에서는 많은 최고감사기구가 70% 정도를 낙관적인 수치로 간주한다고 합니다.

■ **3단계 : 차이gap 보완**

차이를 메우고 보완하기 위해서는 시간과 재원이 필요한 만큼, 단기적 우선순위를 정해야 합니다. 그리고 아웃소싱도 병행해야 합니다. 장기적으로는 인력의 적정한 조합(예컨대 직급별 구성), 교육훈련 수요 관리(수요 파악과 적응), 재원확보 방안 등을 고려해야 한다고 편람은 제시합니다.

6.2. INTOSAI 역량모델

한편 INTOSAI는 2019년에 *Competency Framework for Public Sector Audit Professionals at Supreme Audit Institutions*를 발간한 바 있습니다. '최고감사기구의 감사역량 강화를 위한 기본틀' 정도로 옮길 수 있는데, 앞으로는 '역량모델'이라고 약칭하겠습니다.

위 모델의 기초개념인 역량competency이란 성공적인 직무수행을 위해 필수적으로 요구되는, 측정 또는 관찰 가능한 지식knowledge, 기술skills, 개인적 속성personal attributes을 뜻합니다. 지식은 직무에 대한 이론적 · 실무적 이해도를, 기술은 훈련 또는 직무를 통해 축적된 숙련도를 의미합니다. 그리고 개인적 속성은 개인의 자질, 특성 또는 특질과 관련됩니다.

'역량모델'은 재무감사, 합규성감사, 성과감사, 사법적 업무 등을 성공적으로 수행하는 데 필요하거나 요구되는 감사인력의 이상적인 역량을 제시하고 있는데, 〈그림 4-7〉과 같은 'T자형'에 그 핵심 메시지가 담겨 있습니다.

위 모델은 한마디로 감사인에게는 수평축과 수직축 역량이 요구된다는 뜻입니다. 수평축은 합규성감사, 재무감사, 성과감사, 사법적 업무 등에 공통적으로 필요한 역량을 뜻합니다. 기

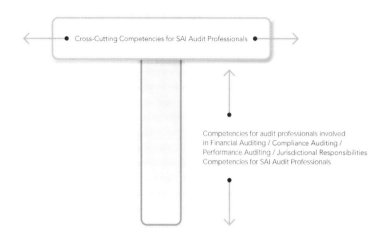

〈그림 4-7〉 INTOSAI 감사인력 핵심역량모델('T-shaped Professionals')

반역량Cross-Cutting Competencies이라고 하겠습니다. 수직축은
합규성감사, 재무감사, 성과감사, 사법적 업무와 같이 전문화된
업무에 요구되는 역량을 뜻합니다. 예컨대 재무감사에 요구되는
역량, 성과감사에 요구되는 역량을 뜻합니다.

이러한 개념에서 각 역량군에 필요한 역량을 제시합니다. 〈그
림 4-8〉과 같이 역량군 아래 필요 역량을 단계별로 두는 구조
입니다.

〈표 4-4〉는 INTOSAI 역량모델의 5개 역량군과 23개 역량
을 요약한 것입니다.*

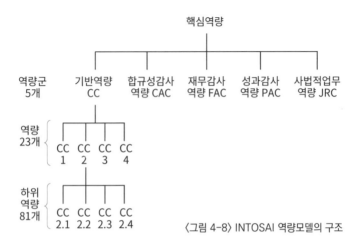

〈그림 4-8〉 INTOSAI 역량모델의 구조

앞서 저희 필자들은 감사인의 전문성을 감사방법론에 관한 전문성과 감사 대상 분야·업무에 관한 전문성으로 구분한 바 있습니다. INTOSAI 역량모델은 저희가 제시한 모델과 비교하면, '감사방법론'에 해당한다고 볼 수 있습니다. 재무감사, 합규성감사, 성과감사 등을 회원국 최고감사기구의 감사방법론으로 보고 논의를 전개했다고 이해하면 되겠습니다. 또한 감사 대상 분야·업무가 주어져 있는 것으로(일종의 상수로) 본 모델이라고 이해하면 되겠습니다.

* 감사연구원 연구보고서 『감사인력 역량모델 고도화 및 역량진단 연구』(유승현·조형석, 감사연구원, 2021.9.)에서 따오면서 일부 조정하였습니다.

역량군	역량	
기반 역량 Cross-cutting Competencies	CC 1.	모범을 보여 이끈다.
	CC 2.	이해관계자들과 효과적인 관계를 유지한다.
	CC 3.	전문적인 방식으로 업무를 수행한다.
	CC 4.	소속 최고감사기구의 가치와 이익 실현에 기여한다.
합규성감사 역량 Compliance Auditing Competencies	CAC 1.	관련 ISSAI*를 준수하여 합규성감사를 수행함으로써 가치를 창출한다.
	CAC 2.	합규성감사의 맥락, 환경, 대상기관을 이해한다.
	CAC 3.	합규성감사에서의 위험요인을 평가하고 관리한다.
	CAC 4.	ISSAI에 규정된 합규성감사 절차를 준수하고 문서화한다.
	CAC 5.	합규성감사 결과를 효과적으로 소통하고 이행상황을 점검한다.
재무감사 역량 Financial Auditing Competencies	FAC 1.	관련 ISSAI를 준수하여 재무감사를 수행함으로써 가치를 창출한다.
	FAC 2.	재무감사의 맥락, 환경, 대상기관을 이해한다.
	FAC 3.	재무감사에서의 위험요인을 평가하고 관리한다.
	FAC 4.	ISSAI에 규정된 재무감사 절차를 준수하고 문서화한다.
	FAC 5.	재무감사 결과를 효과적으로 소통하고 이행상황 점검한다.
성과감사 역량 Performance Auditing Competencies	PAC 1.	관련 ISSAI를 준수하여 성과감사를 수행함으로써 가치를 창출한다.
	PAC 2.	성과감사의 맥락, 환경, 대상기관을 이해한다.
	PAC 3.	성과감사에서의 위험요인을 평가하고 관리한다.
	PAC 4.	ISSAI에 규정된 성과감사 절차를 준수하고 문서화한다.
	PAC 5.	성과감사 결과를 효과적으로 소통하고 이행상황 점검한다.
사법적 업무 역량 Jurisdictional Responsibilities Competencies	JRC 1.	INTOSAI의 관련 전문적 선언과 모범사례, 해당 국가의 관련 법규를 준수하여 사법적 업무를 수행함으로써 가치를 창출한다.
	JRC 2.	사법적 업무 수행의 맥락, 환경, 대상기관을 이해한다.
	JRC 3.	INTOSAI의 관련 전문적 선언과 수행되고 있는 기능의 법적 요구사항을 준수하여 사법적 업무를 수행한다.
	JRC 4.	사법적 업무의 수행과 성공을 위해 협조가 요구되는 이해관계자와 효과적으로 소통한다.

* ISSAI : International Standards of Supreme Audit Institutions

6.3. 감사연구원의 감사인력 역량모델[*]

감사원 산하 감사연구원은 지난 2021년 『감사인력 역량모델 고도화 및 역량진단 연구』라는 연구보고서를 펴낸 바 있습니다. 이 연구보고서는 앞서 살펴본 INTOSAI 역량모델은 물론이고 독일 감사원, 영국 감사원, 국제 자체감사인협회 등의 역량모델, 그리고 우리나라 국가공무원인재개발원의 공직역량모델을 검토하고 '역량모델 초안'을 마련합니다. 그리고 그 초안에 대하여 감사원 내 인적자원 유관부서와 감사 실무부서를 대상으로 한 1차 검증, 외부전문가의 2차 검증 등 3단계 검증작업을 거쳐 '최종 역량모델'을 제시합니다. (〈그림 4-9〉)

'최종 역량모델'을 좀 더 살펴보면, 크게는 ① 감사태도, ② 감사지식, ③ 감사실무라는 3개의 역량군으로 구성됩니다. ① 감사태도 역량군은 '감사원 직원으로서 직무수행을 위해 갖추어야 할 기본적인 자세 및 태도'를, ② 감사지식 역량군은 '감사업무를 객관적이고 전문적으로 수행하는 데 필요한 감사 관련 기준 및 지식 등을 정확하게 이해하고 활용할 수 있는 역량'

* 이 부분은 감사연구원 연구보고서 『감사인력 역량모델 고도화 및 역량진단 연구』(유승현 · 조형석, 감사연구원, 2021.9.)를 간추린 것으로 〈표〉와 〈그림〉은 동 연구보고서에서 그대로 따오거나 일부 조정하였습니다.

을, ③ 감사실무 역량군은 '감사사항을 기획하고 선정된 감사사항에 대해 주요 문제를 포착하여 적절한 판단기준을 적용하고 그에 따른 증거수집과 문제입증을 통해 합리적으로 감사결과를 도출할 수 있는 역량'으로 정의합니다. 〈표 4-5〉는 모델

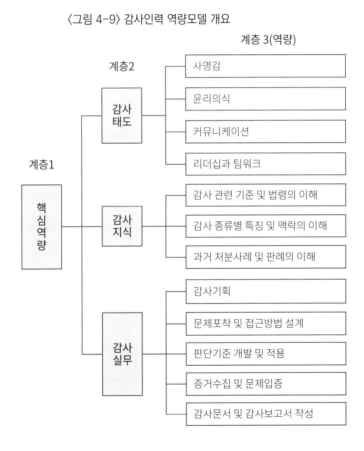

〈그림 4-9〉 감사인력 역량모델 개요

〈표 4-5〉 감사인력 역량모델 최종안의 역량 정의

구분	역량	역량별 정의
감사태도 역량군	사명감	▪ 환경변화 속에서 감사원의 기능과 역할을 충실히 이행하고 목표를 달성하기 위해 스스로 혁신하고자 노력하는 역량
	윤리의식	▪ 감사원 직원으로서 기본적으로 갖추어야 할 윤리를 준수하고 이에 기준하여 행동하는 역량
	커뮤니케이션	▪ 상대방의 의사를 정확히 파악하고 자신의 의사를 효과적으로 전달함으로써 상대방의 동의와 협력을 이끌어내는 역량
	리더십과 팀워크	▪ 감사팀의 일원으로서 공동의 목표를 달성하기 위해 협력하여 업무를 수행하는 역량
감사지식 역량군	감사 관련 기준 및 법령의 이해	▪ 공공부문 업무수행의 기초가 되는 법규와 감사업무를 규율하는 감사 관련 기준·법령·매뉴얼 등을 이해하고 감사활동에 적용하는 역량
	감사 종류별 특징 및 맥락의 이해	▪ 새롭게 개편된 감사 종류에 따라 효과적인 감사가 이루어지도록 감사 종류별 특징과 맥락 등을 정확히 이해하고 감사활동에 적용하는 역량
	과거 처분 사례 및 판례의 이해	▪ 효율적이고 공정한 감사업무 수행의 중요한 참고자료로서 과거 처분사례 및 판례를 이해하고 감사활동에 적용하는 역량
감사실무 역량군	감사기획	▪ 감사 대상 조직·업무·사업 등에 대한 체계적인 검토를 통해 주요 취약분야에 대해 적절한 감사계획을 수립하는 역량
	문제포착 및 접근방법 설계	▪ 감사사항에 대한 주요 문제점을 착안하고 입건할 수 있도록 설계하는 역량
	판단기준 개발 및 적용	▪ 감사 대상 조직·업무·사업 등과 관련된 주요 문제를 명확히 진단할 수 있는 판단기준을 합리적으로 적용하는 역량
	증거수집 및 문제입증	▪ 판단기준에 따라 적절한 증거자료를 수집하고 타당하게 분석하여 문제점을 입증하는 역량
	감사문서 및 감사보고서 작성	▪ 문제점 입증에 필요한 감사증거서류로서 확인서, 질문서, 문답서 등과 감사결과인 처리안 및 감사보고서를 완성도 있게 작성하는 역량

의 3개 역량군, 12개 역량을 요약하고 있습니다.

위 연구보고서는 12개 역량별 '행동특성'도 제시하는데, 많은 토론과 검증작업을 거친 정제된 내용입니다. 〈표 4-6〉은 그 일부인 '사명감'과 '윤리의식'에 관한 행동특성을 예시로 담고 있습니다.

또한 위 연구보고서는 3개 역량군, 12개 역량이 직급별로 '상대적 중요도'가 어떻게 달라지는지 설문조사를 통한 계층화분석(AHP, Analytical Hierarchy Process)으로 제시합니다. 〈표 4-7〉은 그 결과물로, 직급별로 요구되는 역량의 우선순위를 보여줍니다. 순위 하나하나, 예컨대 "왜 4급에게 '문제포착 및 접근방법 설계'가 1번이냐"보다는 감사기구가 직급으로 조직되고 그 직급별로 우선시되는 역량에 차이를 둘 필요가 있다는 관점에 우선 주목해 주십시오.

연구보고서는 끝으로 Martilla & James 모델을 참조하여 중요도importance와 성과performance라는 두 차원을 통해 역량을 진단하고 강화전략을 수립하는 접근법을 제시합니다. 진단단계에서 '중요도'에는 감사연구원 '최종 역량모델'의 '역량의 상대적 중요도'가, '성과'에는 '역량별 역량수준 측정결과'가 부합한다 하겠습니다. 〈그림 4-10〉은 감사연구원이 제안하는 역량진단과 강화전략에 관한 일종의 개념도입니다.

<표 4-6> 감사인력 역량모델 최종안의 역량 및 행동특성 (일부)

구분	역량		역량별 정의
감사태도 역량군	사명감	정의	▪ 환경변화 속에서 감사원의 기능과 역할을 충실히 이행하고 목표를 달성하기 위해 스스로 혁신하고자 노력하는 역량
		행동특성	▪ 감사원의 기능과 역할, 비전과 감사 운영 기조 등에 따라 부여된 감사업무의 가치를 분명히 인식한다. ▪ 국민으로부터의 신뢰, 감사원의 직무상 독립 및 중립 등을 감사업무 처리의 중요한 판단기준으로 고려한다. ▪ 평소 소관 분야의 제도, 정책, 사건 등에 대하여 관심을 가지고, 문제점, 개선방안, 대안 등을 전문가적 의구심으로 살펴본다. ▪ 감사환경의 변화를 수용하고 이에 적합한 새로운 감사 스타일을 정립하는 등 개인 스스로의 혁신을 위해 지속적으로 노력한다. ▪ 감사인으로서 부족한 역량을 파악하고 새롭게 요구되는 지식과 기법 등을 습득하는 등 자질향상을 위해 노력한다. ▪ 조직의 전략적 목표와 가치에 맞는 개인별 성과목표를 수립하고, 이를 달성하기 위해 감사업무 전 과정을 스스로 점검하고 관리한다.
	윤리의식	정의	▪ 감사원 직원으로서 기본적으로 갖추어야 할 윤리를 준수하고 이에 기준하여 행동하는 역량
		행동특성	▪ 상사나 이해관계자 등으로부터 부당한 지시나 청탁이 있어도 영향을 받지 않고 감사원 공무원 행동강령 등 관련 절차에 따라 해당 사항을 처리하도록 노력한다. ▪ 감사업무 수행과 관련된 자와 골프, 여행, 사행성 오락 등 부당한 사적 접촉을 하지 않도록 노력한다. ▪ 금품 향응 수수, 알선 청탁 등 감사관의 지위를 남용해 부당한 이익을 얻거나 타인이 부당한 이익을 얻도록 하는 일체의 행위를 하지 않도록 노력한다. ▪ 감사업무 수행과 관련하여 알게 된 정보를 이용하여 유가증권 부동산 가상통화 등과 관련된 재산상 거래 또는 투자를 하거나 타인에게 그러한 정보를 제공하여 재산상 거래 또는 투자를 돕는 행위를 하지 않도록 노력한다. ▪ 감사사항에 관한 내용 또는 감사과정에서 수집된 정보를 외부로 유출하지 않도록 노력한다.

〈표 4-7〉 직급별 역량의 상대적 중요도 (일부)

순위	4급	5급
1	문제포착 및 접근방법 설계	감사관련 기준 및 법령의 이해
2	감사관련 기준 및 법령의 이해	문제포착 및 접근방법 설계
3	사명감	리더십과 팀워크
4	감사기획	감사기획
5	리더십과 팀워크	사명감
6	감사종류별 특징 및 맥락의 이해	커뮤니케이션
7	윤리의식	윤리의식
8	커뮤니케이션	판단기준 개발 및 적용
9	감사문서 및 감사보고서 작성	감사문서 및 감사보고서 작성
10	판단기준 개발 및 적용	증거수집 및 문제입증
11	증거수집 및 문제입증	과거 처분사례 및 판례의 이해
12	과거 처분사례 및 판례의 이해	감사종류별 특징 및 맥락의 이해

〈그림 4-10〉의 오른쪽을 보시면, 역량의 상대적 중요도와 역량 수준을 두 축으로 '유지 관리keep up the good work', '집중 관리concentrate here', '추후 관리low priority', '과잉 지양possible overkill'이라는 사분면을 제시하고 이를 관리 전략에 활용할 것을 제안합니다.

감사연구원 연구보고서는 국가최고감사기구인 감사원을 분석대상으로 삼고 있기는 합니다만, 중앙부처·자치단체·공공

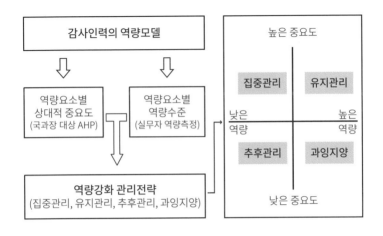

〈그림 4-10〉 감사인력 역량진단과 강화전략

기관 등의 감사부서에서도 그대로 가져다 덮어쓰고 참조할 만한 내용입니다. 일독을 권합니다.

7. 요약 : 사람에 관한 물음은 곧 '나는 좋은 감사인이냐'는 물음

이 장에서는 '사람, 프로세스, 관계' 3요소 가운데 '사람'에 관해 살펴보았습니다. 그중에서도 전문성, 인적 구성, 역량 강화 등의 이슈를 깊이 다루었습니다.

좋은 감사는 좋은 감사인이 합니다. '건강한 판단, 지식의 축적, 성숙한 인격'을 지향하면서 감사인 개인 차원에서, 그리고 감사기구 조직 차원에서 현재를 성찰하고 방향과 방안을 세우고 작은 성공부터 하나하나 쌓아가야 합니다.

또한 '사람, 프로세스, 관계'를 키워드로 삼아 큰 줄기를 잡고 차근차근 가지를 좇아가다 다시 줄기로 돌아오는 과정을 되풀이해야 합니다. 그러한 성공과 실패의 경험이 쌓이고 엮일 때, 더 풍성하고 균형 잡히고 성숙한 인격체로 변모할 수 있을 것입니다.

INTOSAI나 감사연구원의 역량모델에 대해서는 독자분들이 크게 공감하기 어려울지도 모르겠습니다. 특히나 감사인력 자체가 절대 부족한 일부 자체감사기구 입장에서는 아직은 '먼 나라' 이야기겠지요. 또 뭔가 비책을 기대했는데 '아쉽다'고 느끼실 수도 있겠습니다.

그렇습니다. '비책'은 없습니다. 하지만 길을 잃지 않으려면 나침반과 지도를 갖추어야 합니다. 막연하게 실력 있는 직원, 좋은 직원이어서는 안 됩니다. 우리 감사기구의 기본 책무, 주로 하는 감사, 지향하는 감사가 무엇인지부터 따져보고 어떤 인력이 필요한지에 관한 큰 그림을 그리고 앞으로 나아가야 할 방향과 단계를 고민해야 한다, 이것이 저희 필자들이 드리고 싶은 메시지입니다.

끝으로 누구나 아는 '비책'이 하나 있습니다. 우리 감사기구가 '오고 싶은 곳이 되면' 된다는 것입니다. 우리 감사기구가 근무하고 싶은 곳이 되면, 저절로 좋은 역량과 품성을 갖춘 사람들이 모이고 구성원들의 자존감도 높아질 것입니다. 그러면 더 좋은 사람들로 더 좋은 조직 역량과 문화가 빚어지는 선순환善循環이 일어납니다. 우리 감사기구가 그런 감사기구가 되기를 소망해 봅니다.

5

좋은 감사는
좋은 '프로세스'다

1. 공공감사 '프로세스'의 얼개

사고실험을 해봅시다. 자신을 길동시 감사실의 중간관리자, 예컨대 감사과장이라고 가정하고 어떤 과정으로 일을 하겠는지 생각해 봅시다.

① 어떤 기관·사안을 놓고서 감사를 할지 검토합니다.

② 감사를 실시하기로 결정합니다.

③ 감사를 설계합니다. 감사인력, 감사 시기, 감사 중점 등을 고민합니다.

④ 감사를 시작합니다. 현장감사를 마칩니다.

⑤ 피감기관에서 '입장이 다르다', '사연이 있다'면서 반대의견을 제출합니다.

⑥ 피감기관 의견 중 타당한 것은 반영하고 내부심의를 거쳐 감사결과를 확정합니다. 피감기관에 감사결과를 통보하고 발표합니다.

⑦ 감사결과에 대하여 언론·시민단체·의회 등으로부터 비

판 또는 긍정적인 평가가 나옵니다. 대응해야 할 내용이 있으면 대응합니다.

이와 같이 감사를 할 것인지에 대한 고민에서부터 감사결과를 확정하고 사후관리에 이르기까지 일련의 '단계'가 있으며 단계마다 일련의 '절차'가 있습니다. 이를 통칭하여 프로세스라고 불러보겠습니다.

감사는 감사기구나 감사인의 의사에 따라 일사천리로 진행되지 않습니다. 감사에는 감사를 받는 상대방이 있고 이해관계자들이 있습니다. 감사를 통해 얻는 편익·성과가 있는 반면 비용도 들어갑니다. 눈에 보이는 비용뿐 아니라 보이지 않는 비용도 있습니다. 그러하기에 감사 프로세스마다 감사기구·감사인의 고민이 필요합니다. 감사 프로세스에 관한 전략과 관리가 필요한 것입니다.

감사를 일련의 프로세스로, 그리고 '단위' 프로세스로 나누어 보는 것은 감사를 '전략'적으로 운영하고 체계적으로 '관리'

〈그림 5-1〉 일반적인 감사 운영 프로세스

감사계획 수립/ 감사사항 선정 → 감사설계/ 감사준비 → 현장감사 실시 → 감사결과 보고/처리 → 사후관리

하기 위한 키워드를 뽑아내는 데 유용합니다. 감사기구마다 조금씩 차이가 있겠습니다만, 감사원과 자체감사기구들의 감사 운영을 업무 흐름에 따라 크게 나누면 〈그림 5-1〉처럼 5단계 정도가 되겠습니다.

2. 감사계획 수립 또는 감사사항 선정

2.1. 쟁점들

감사기구가 기간 단위의 감사계획을 수립하고 특정 기관이나 사안을 감사사항으로 선정하여 감사를 실시하기로 확정하는 것에서부터 시작해 봅시다. 여기에는 주요한 물음들이 따라 붙습니다. 예컨대 이런 것들입니다.

- 감사자원(인력·시간·예산)은 한정되어 있다. 그런데 감사할 기관·부서·사안은 넘친다. 아니다. 지금은 모든 게 정상적이고 평온해 보인다. 이 상황에서 어떻게 합리적으로 감사자원을 배분하고 감사의 우선순위를 정할 것인가?
- 왜 이 기관·부서·사안을 감사하는가? 다른 기관·부서·사안들도 많이 있는데 왜 유독 이 기관·부서·사안을 감사 대상으로 결정하였는가?

• 어떤 기관·부서·사안은 10년째 감사를 받지 않고 있는데('감사 사각'), 왜 이 기관·부서·사안에 대해서는 거의 매년 감사를 하는가?('감사 편중')

• 어떤 부서는 감사원, 중앙부처의 감사실이나 담당과, 광역자치단체의 감사실 등으로부터 연중 자료요구와 점검에 시달린다고 하는데('감사 중첩'), 이 문제는 답이 없는 걸까?

√ 물음을 재조합하기, 다시 생각해 보기

이러한 물음들에 대한 교과서적인 답이 있습니다. 논술형 시험이라면 아마 이렇게 답안을 쓰겠지요. '감사자원을 전략적으로 합리적으로 배분해야 한다, 감사 사각 또는 편중이 없도록 감사 주기에 관한 기준을 세워야 한다, 감사기구 간의 협의를 통해 감사 중첩을 최소화해야 한다….'

그러나 실무에서는 역시 정답이 없습니다. 기관마다 상황마다 다를 수밖에 없기 때문입니다. 다만 제안하고 싶은 몇 가지 팁이 있습니다.

• "큰 그림을 놓치지 말자."

• "왜 감사 대상으로 삼았는지 설명할 수 있어야 한다."

• "감사가 무엇인지, 왜 하는지 다시 생각해봐야 한다."

2.2. 큰 그림을 놓치지 말자

먼저, 큰 그림과 작은 그림을 함께 그려야 합니다. 무슨 뜻일 까요? 앞의 사고실험을 계속해 봅시다.

● 여러분은 지금 길동시 감사과장으로서 어떤 기관 · 부서 · 사안을 책상에 올려놓고 감사를 할지 말지를 고민 중입니다. 길동시 감사실의 인력 규모, 인력 수준, 예산 등 주어진 조건이 있습니다. 이러한 조건 · 제약이 마음 한켠에 자리하고 있으면 서도, 감사과장은 이 기관 · 부서 · 사안이 미루기 어려운 숙제 로 느껴집니다.

● 그리고 이렇게 당장의 숙제 같은 일들 말고도 그전부터 미결 · 미완 상태로 이어져 온 이슈들이 있습니다.

● 또 지금 당장은 문제가 불거지지 않았지만 언젠가는 떠오 르겠다 싶은 잠재적인 이슈들도 있습니다.

● 개중에는 피하고 싶은 이슈도 있습니다. 시급한 이슈도 있 습니다.

큰 그림을 놓치지 않아야 한다는 것은 이와 같은 이슈들을 종합해 문제풀이pool을 만들고 '당장'보다는 긴 안목에서 감사 스케줄을 잡아야 한다는 뜻입니다. 지금 이때, 제때를 놓치지 않아야(실기失期하지 않아야) 하는 감사가 있는 법이지만, 그것이 전부여서는 안 된다는 뜻입니다.

큰 그림을 놓치지 않으려 할 때, 연 단위 감사계획이 출발점이 될 수 있습니다. 연 단위 감사계획을 세우고 최대한 지키는 것입니다. 그때그때의 이슈가 시급해 보이더라도 그해 계획한 감사는 실시하는 것을 원칙으로 삼는 것입니다. 연 단위 감사계획을 수립하는 이유는 우리 감사기구의 '중심'을 잡기 위함입니다. 그때그때의 이슈에만 휘둘리지 않고 중심을 놓치지 않으려는 것입니다. 연 단위 계획을 세울 때, 감사자원(인력 · 시간 · 예산)의 일부를 비워두는 것도 좋은 방법입니다. 연중 발생하는 이슈는 이러한 여유분으로 감사를 하는 것이지요.

1년 이상의 중장기 계획, 예컨대 3년 단위의 계획도 좋은 방안입니다. 1년 단위의 계획도 지키기 어려운 현실에서 3년 단위의 계획을 지키기는 더욱 어려운 일입니다. 하지만 매년 이를 업데이트하는 방식으로 운영한다면 효과가 있을 것입니다. 예컨대 2031년에 '2031~2033년 3개년 계획'을 세웠다면, (3개년 계획이 끝난 뒤인 2033년이 아니라) 2032년에 '2032~2034년 3개년 계획'을 또 세우는 것입니다. 이렇게 매년 중장기 계획을 업데이트한다면 감사기구가 큰 그림을 놓치지 않고 중심을 잡는 데 도움이 됩니다.

이것이 소박한 의미에서 '큰 그림'입니다. 이러한 문제의식으로 감사계획을 수립하고, 그때그때의 이슈에 함몰되지 않고 감사 운영의 중심을 잡으려고 노력하고, 상황·여건·환경의 변화를 반영하여 감사계획을 조정해 간다면 '전략계획Strategic Plan'과 멀지 않을 것입니다. 그것이 바로 실용적인 '전략계획'이 되겠습니다.

2.3. 왜 감사 대상으로 삼았는지 설명할 수 있어야 한다

우리 감사기구가 어떤 기관이나 업무에 대하여 감사 실시 결정을 내렸다고 가정해 봅시다. 이 경우 감사를 받는 쪽에서는 "왜 우리지?"라는 의문·반감이 있을 수 있습니다. 감사를 받는 쪽이 아니더라도 예컨대 언론·의회·시민단체 등이 "왜 하필 그 기관·업무지?", "그보다 더 시급한 기관·업무가 있는데?" 등의 의문·의혹을 가질 수도 있습니다. 이에 대해 납득할 만한 설명이 제시되지 않는 경우 그 감사의 정당성이 흔들리게 됩니다.

이러한 리스크를 피하고 감사의 정당성을 확보하기 위해서는 다음과 같은 장치·프로세스를 갖추어야 합니다.

- 감사기구는 '감사 주기週期'에 관한 기준을 가지고 있어야 합니다. 이때 대상기관의 규모·유형, 대상업무의 중요성·성격(예산 규모, 사업비·경상비 여부) 등 합리적이고 우리 기관에 맞는 기준을 고민해야 합니다. 감사 기준은 감사기구의 '비

밀'이 되어서는 안 됩니다. 감사 대상기관들이 이를 알고 주기에 맞춰 자체적으로 업무를 점검하고 개선할 수 있도록 하여야 합니다.

• (특정 분야 · 사업에 대한 감사에서) 감사 대상 분야 · 사업의 관련 기관이나 수혜자가 많은 경우에는 대표성을 담보할 수 있는 '샘플링 기준'이 있어야 합니다. 감사 대상을 어떻게 샘플링했는지 설명할 수 있어야 합니다.

• 제보, 민원, 감사청구, 의회 논의, 언론 보도 등의 '계기'로 인하여 감사를 실시하게 되는 경우 기초적인 사실관계 검토, 이해관계자 · 관계기관 의견청취, 내부심의 등의 의사결정 프로세스가 있어야 합니다. 그렇지 않으면 '청부감사' 오해를 받을 수도 있습니다.

2.4. 감사가 무엇인지, 왜 하는지 다시 생각해봐야 한다

감사관들은 실적이 나오는 감사를 하려고 합니다. 감사관들이 감사를 하고 싶어 하는 기관 · 업무는 문제가 많은 기관 · 업무일 수 있습니다. 감사관들의 경험과 노하우, 사명감은 우리 감사기구의 중요한 자산입니다. 당연히 존중되어야 합니다.

하지만 감사관들은 조직에서 실적과 승진을 의식하면서 살아가는 직장인, 보통 사람이기도 합니다. 이 기관 · 업무를 감사하면 실적이 '나오겠느냐 안 나오겠느냐', 감사가 '쉽겠냐 어렵겠냐'를 두고서 저울질을 합니다. 앞서 4장 '사람'에서 이 문제를 다루었는데 기억나시나요? 살짝 〈표 4-1〉('감사유형에 따른 감사관들의 행동유형')을 다시 들춰보시지요.

예컨대 감사관들은 정기감사·일반감사 유형의 감사는 ① '뭐든지 다 볼 수 있는' 감사로 편하게 생각하는 경향이 있습니다. 감사 대상이 특정한 업무·이슈로 제한되지 않기 때문에 감사관 자신이 익숙한 사안 또는 흥미로운 사안을 고를 수 있겠다고, 무난히 감사실적을 낼 수 있겠다고 생각합니다.(감사하려고 합니다.) ② 반면에 실적이 잘 나오지 않는 감사, 평탄한(루틴한) 감사로 보기도 합니다. 특정감사·성과감사에 비해 수준이 낮은 감사로 생각합니다. 정기감사·일반감사에서는 어지간히 실적을 내더라도 상관으로부터 높은 평가를 받기 어렵다고 생각합니다.(감사 안 하려고 합니다.)

한편 특정감사·성과감사 유형의 감사에 대하여는 ③ '그 감사는 특별하다'고 생각합니다. 감사를 하게 된다면 지휘부 또는 외부에서 원하는 답이 나와야 하고 강도도 세야 한다는 식입니다. 정기감사·일반감사에 비해 고생은 더 하겠지만 감사관의 '힘'을 발휘할 수 있고 보람도 있고 상관으로부터 높은 평가를 받을 것으로 여깁니다.(감사 하려고 합니다.) ④ 반면에 특정감사·성과감사는 '어렵다'는 두려움을 갖기도 합니다.(감사 안 하려고 합니다.)

도식적이긴 합니다만, 〈표 5-1〉과 같이 요약해 볼 수도 있겠습니다.

〈표 5-1〉 감사유형에 대한 감사관들의 시각

	감사를 하려는 유인	안 하려는 유인
정기·일반	① '익숙·편안한 방식이다'	② '실적이 안 나온다'
특정·성과	③ '실적이 나온다'	④ '어려운 감사다'

감사는 감사기구의 권한이기도 하지만 '의무'이기도 합니다. 감사의 우선순위를 고민하고, 그러한 우선순위에 따른 감사가 감사관·감사기구의 실적에 득得이 되지 않거나 피하고 싶은 사안이라고 하더라도 피해서는 안 되는 '의무'로 받아들여야 한다는 뜻입니다.

이렇듯 감사가 권한이자 '의무'이기도 하다는 관점에서 감사 계획 수립의 원칙을 좀 더 살펴보겠습니다. 우선, 정기감사·일반감사 계획을 세울 때는 (대상기관을 선정할 때는) '감사실적이 나올까?'가 아니라 주기적인 진단 그 자체에 의미를 두어야 합니다. 피감기관이 감사를 예측하고 대비하면서 자율 점검토록 하는 것이 감사 그 자체보다 더 중요할 수 있습니다.

그리고 특정감사·성과감사 계획을 세울 때는 (대상 분야·사업을 정할 때는) ① 현안·분위기에 휩쓸리거나 '정해진 답, 원하는 답'만을 좇지 않도록 조심해야 합니다. ② 또한 '정답이 없는 경우'도 있다(많다)는 점을 이해해야 합니다. '답이 안 나올 거 같다'는 '감感' 하나로 감사를 안 하려 해서는 안 됩니다. 인과관계·책임소재가 명확하지 않은 경우라도 감사기구에는 그 경위history와 실태를 객관적으로 기술description하고 관계자들의 의견을 비례·균형되게 담아내는 것과 같은 중요한 역할·의무가 있습니다.

'이것이 원인이다, 아무개의 책임이다'와 같은 결론과 답이 없더라도 위와 같은 내용과 고민을 담고 있다면 좋은, 의미 있는, 유용한 감사보고서입니다. 감사의 목표는 지적하고 실적을 내는 것이 아니라 좋은 '감사보고서를 쓰는 것'이라고 저희는 믿습니다. 감사에 관한 교과서의 첫 줄에 나오는 문장, '감사는 제3자의 객관적 위치에서 살펴보고 유용한 정보를 생산하는 것'의 의미라고, 같은 뜻이라고 생각합니다.

요컨대 위와 같은 원칙으로, 감사가 감사기구의 권한이자 '의무'라는 견지에서 감사의 역할을 고민하고 균형되게 감사를 계획하고 감사 대상을 선정해야 하겠습니다.

3. 감사설계 · 감사준비

'감사계획 수립 또는 감사사항 선정'에 이어 그다음 프로세스로 '감사설계 · 감사준비'에 관해 살펴보겠습니다.

다시 길동시 감사과장의 자리로 돌아가 봅시다. 어떤 기관 · 사안을 감사하기로 결정이 내려졌다고 가정해 봅시다. 이제 어떻게 감사를 설계하고 준비해야 할까요?

저희 필자들은 교과서적인 얘기, 공공감사 관련 매뉴얼에 나오는 체크리스트 성격의 얘기들(유의사항)보다는 함께 고민해볼 만한 물음들을 던져보려 합니다. 메시지를 요약하면 다음과 같습니다.

- "틀에 갇혀서는 안 된다."
- "감사준비는 커뮤니케이션이다."
- "실적이 목표가 되어서는 안 된다."
- "감사보고서의 표준모델이 있어야 한다."
- "일정관리가 필요하다."

3.1. 틀에 갇혀서는 안 된다

감사를 설계하고 준비함에 있어 가장 경계할 일은 선입견에 빠지는 것입니다. 선입견이라는 우물에 빠져 동전만 한 하늘이 전부라 믿어서는 안 됩니다. 틀에 갇혀서는 안 됩니다. 가능성을 열어두고 감사를 설계하고 준비해야 합니다. '설계', '준비'라는 말이 자칫 '결론을 미리 그려본다'는 의미가 되어서는 안 됩니다.

감사원이나 자체감사기구의 경험 많고 일 잘한다는 평을 듣는 감사관들은 '감사보고서를 써놓고 감사를 나간다'는 말을 곧잘 합니다. 설계하고 준비한 대로 감사가 진행되고, 예상했던 감사결과가 나오고, 그래서 감사보고서도 순탄하게 나온다는 것이지요. 감사 나가기 전에 머릿속으로 감사보고서를 써본다거나, 감사계획서가 감사보고서의 초안 수준이 되도록 한다는 것, 이것이 감사 잘하는 노하우라는 것입니다.

치밀하게 감사를 설계하고 준비한다는 측면에서 일리가 있는 얘기입니다. 하지만 미리 답을 정해놓고 끼워 맞추는 감사가 될 위험성이 큰 방식입니다. 특히나 감사관이 시간에 쫓기고 실적에 쫓기고 감사관으로서의 잘못된 자존심을 내세울 때 위험합니다. 자신이 정한 스토리에서 벗어나는 얘기는 듣지 않으려 하는 것입니다.

감사관이 틀에 갇히는 일을 피하려면, 특히 감사설계와 준비과정에서부터 피감기관에 의견을 묻고 귀를 열어야 합니다. 감사관이 마치 '비장의 카드'를 쥐고 조용히 '한 방' 터트리는 순간을 상상하다 보면 감사관, 감사기구는 물론 피감기관까지 불필요한 헛심을 쓰게 됩니다.

감사관이 어떤 편향·오류에 빠져 있는 상황을 가정해 봅시다. 예컨대 감사관이 이해관계자의 일방적인 주장에 솔깃해 있다거나, 지엽적인 문제를 심각한 문제로 보고 있다거나, 이미 개선이 이루어진 문제인데도 감사관이 '옛날얘기'를 믿고 있다거나 하는 상황을 가정해 봅시다.

이런 상황에서 감사가 본격적으로 시작되어 감사관이 '문제점'으로 확신하고 그에 부합하는 증거자료를 찾고 관계자들을 추궁하기 시작하는 단계까지 왔다면, 감사관으로서는 이미 너무 멀리 온 것입니다. 자신의 에너지를 너무 많이 쏟아부은 것입니다. 그러한 상황에서 감사현장은 소모적인 공격과 방어로 흐르기 쉽습니다. 자신의 주장을 관철하려는 감사관('공격')과 그러한 감사관을 이해시키고 설득하려는 피감기관('방어')이 서로 헛심을 쓰게 됩니다. 감사관과 피감기관이 적절한 수준에서 (감사관이 감사보고서에 지적사례로 실을 수 있는) 모양새를 갖추어 휴전(타협)하게 되면, 감사관으로서는 1건의 '실적'이 남겠지요. 하지만 감사결과는 의미 없는 내용, 또는 잘못된 내용('감사의 오류')이라 할 것입니다.

특별히 '보안', '기밀'이 요구되는 상황이 아니라면 피감기관의 의견을 구하면서 감사를 설계하고 준비하는 것이 맞습니다. 이해관계그룹, 전문가그룹 등의 의견을 듣는다고 할 때, 감사 '설계·준비 과정에서' 듣는 것이 감사의 전체적인 방향과 균형을 잡는 데 도움이 됩니다. 감사 마무리 과정에서 감사관과 감사기구가 이해관계그룹, 전문가그룹 등의 의견을 구하려 한다면, 그것은 객관적인 검증을 위해서라기보다는 감사결과를 유지하기 위한(감사결과 처리에 도움이 되는 의견을 얻기 위한), 이미 '편향이 있는 과정'이기 쉽습니다. 그래서는 감사의 오류에서 벗어나기 어렵습니다.

3.2. 감사준비는 커뮤니케이션이다

'준비가 안 된 감사'는 문제입니다. 감사기구 입장에서도 시행착오가 크고 비용이 큽니다. 감사팀은 투입되었는데 감사관들의 업무분장도 두루뭉술하고, 감사의 목적·범위도 명확하지 않고, 기초조사도 되어 있지 않다면 시행착오가 있을 수밖에 없습니다.

가령 본감사 투입 인력의 1/3 규모로 주관팀 내지는 준비팀을 구성하여 기초조사를 하고 감사를 설계하게 하고 나머지 2/3 인력과 함께 스터디하여 본감사가 효율적으로 진행되게 하여야 합니다.

감사 설계·준비 과정에서 특히 감사팀 구성원 간의 커뮤니케이션이 중요합니다. 예컨대 기계적으로 업무분장을 하고 감사관 개개인이 예상되는 문제점을 적어내고 이를 단순조합하는 방식은 곤란합니다. 이번 감사를 왜 하는지, 이번 감사의 범위와 주제가 무엇인지 등에 대해서 정확한 공감이 있어야 합니다. 회의, 워크숍, 티타임 등 여러 기회·채널을 통해 토론과 공감을 이뤄내야 합니다.

피감기관 입장에서도 예비조사(감사기구 입장에서는 감사준비) 과정을 통해 설명할 것은 설명함으로써 감사기구(감사팀)가 피감기관에 대해 가질 수 있는 오해를 줄이고 감사가 업무개선이 필요한 부문·사안 중심으로 진행될 수 있도록 하여야 합니다.

3.3. 실적이 목표가 되어서는 안 된다

이번 감사에서 '몇 건을 지적하느냐', '몇 명을 징계하고 주의를 주느냐'와 같은 '실적'이 목표가 되어서는 안 됩니다. '실적'이 잘된 감사, 좋은 감사의 기준이 된다면 공공감사는 감사관과 감사기구가 목에 힘주는 과정(행태·수준)이 되풀이될 뿐입니다. 공공감사의 역할과 기여에 발전을 기대하기 어렵습니다.

이번 감사를 왜 하는지, 이번 감사의 범위와 주제가 무엇인지, 이번 감사의 이해관계자와 감사보고서의 독자가 누구인지, 감사와 감사보고서를 통해 그들에게 전할 '유용한 정보'가 무엇인지, 피감기관에 어떠한 기여를 할 수 있는지 등을 감사관은 스스로 물어야 합니다. 그러한 과정이 바로 감사 설계와 준비 과정입니다.

감사관들이 위와 같은 물음을 진지하게 고민한다면, 그 답이 '실적'만은 분명 아닐 것입니다. 지엽적인 지적 한 건보다는 피감기관과 감사 대상 업무의 얼개·구조·현실·역사·전망을 감사관의 시선으로 바라본 바를 어떻게 감사보고서에 담을까를 고민할 것입니다. 물론 이것은 감사관 한 개인에게 맡겨둘 일은 아닙니다. 뒤에서 자세히 다루겠습니다만, '감사관의 시선으로 바라본 바'를 담아줄 프로세스와 감사보고서의 그릇(형식적인 틀)이 있어야 합니다. 감사기구 차원의 각성과 노력이 있어야 하는 대목이지요.

저희의 결론은 이렇습니다. **"실적이 아니라, 감사보고서가 목표다."**

3.4. 감사보고서의 표준모델이 있어야 한다

감사기구마다 전형적인 보고서 형식이 있습니다. 감사를 설계하고 준비하는 과정은 이러한 보고서 형식을 고민하는 계기가 되어야 합니다. 무엇을 어떻게 감사할지를 고민하고 준비하기도 바쁜 시기에 감사보고서 형식을 생각해 보라고요?

그렇습니다. 저희는 그래야 한다고 생각합니다. 감사보고서라는 그릇은 곧 감사를 어떻게 준비했고, 어떤 과정으로 진행했고, 피감기관에서 업무를 어떻게 하고 있고, 감사결과 지적하는 문제점은 왜 중요하고, 이에 대해 피감기관과 이해관계자들은 어떤 의견이고, 감사에는 어떤 한계가 있는지 등을 담을 형식(틀·프레임)이기 때문입니다. 감사관들은 그 틀을 채우기 위해 감사를 하고, 그 틀에 따라 감사보고서를 쓰기 때문입니다. 감사기구의 감사보고서 형식이 거두절미하고 지적사항만 적는 형식이라면, 위에서 저희 필자들이 적어본 '유용한 정보'와 감사보고서 독자들이 참고할 '이해관계자 의견'이나 '감사의 한계'는 기록될 자리가 없습니다. 감사관들도 '지적사항'만 채워 넣으면 되는데 굳이 '유용한 정보'를 고민하고 '이해관계자 의견'이나 '감사의 한계'를 고민할 이유가 없을 것입니다.

그렇기에 감사기구는 늘 감사보고서의 표준모델을 고민해야합니다. 감사보고서의 '형식'(그릇)이 감사의 방식·행태를 만들고 감사의 품질을 만든다는 인식과 노력이 필요합니다.

저희가 지적사항 말고도 감사보고서에 담아야 할 내용이 여러 가지 있다고 하니, 독자분들로서는 '너무 이상적인 것 아니야?' 하실 수도 있겠습니다. 나중에 좀 더 자세히 다루겠습니다만, 감사기구가 문제의식이 명확하고, 지금의 감사보고서 형식보다는 조금 더 진일보한 형식을 도입하고 하나하나 보완해 나간다면 분명 발전이 있으리라 믿습니다. 평균적인 역량의 감사관들이 따라 할 수 있는 형식이 중요합니다. 처음부터 이상에 치우치면 앞으로 나아가기 어렵습니다. 저희가 드리고 싶은 요점은 '다듬어가는 표준모델' 정도가 되겠습니다.

감사를 설계하고 준비하면서 이번에는 어떤 체제 · 형식의 감사보고서를 쓸지를 구상해본다면 실질적인 설계 · 준비가 될 것입니다. 여기서 다시 짚어두고 싶은 점은 앞서 저희가 '틀에 갇혀서는 안 된다'고 했다는 점입니다. 감사보고서의 형식을 고민하라는 것은 '유용한 정보', '이해관계자 의견', '한계' 등을 효과적으로 담아낼 방법론을 고민하라는 얘기입니다. '틀에 갇혀서는 안 된다'는 얘기는 선입견에 갇혀서는 안 된다는 얘기이기도 합니다.

3.5. 일정관리가 필요하다

감사는 피감기관에 큰 부담입니다. 피감기관으로서는 감사팀이 요청하는 자료를 준비하여야 하고, 감사팀을 위한 장소('감사장監査場')와 관련 보조요원 · 전산장비 · 사무용품 등을 준비하여야 합니다. 또한 감사기간 중에는 감사 대상 부서 · 업무의 관계자들이 상시 대기하면서 감사받는 일에 최우선순위를 두기 때문에 다른 업무들이 연쇄적으로 영향을 받게 됩니다. 또 감사를 받고 있는 업무나 사업에 관해서는 주요한 의사결정이 감사 이후로 미뤄지기도 합니다.

따라서 감사기구는 감사를 하기로 결정하였고, 특별히 '보안' · '기밀'이 요구되는 사안이 아니라면, 피감기관과 감사 일정 등을 의논하면서 피감기관이 예측할 수 있도록 진행해야 합니다. 피감기관과 공식적이든 비공식적이든 일정을 협의하였고 피감기관이 그에 따라 수감준비를 하는 상황이라면 감사기구도 그 일정에 최대한 따라 주어야 합니다. 감사준비 · 설계 단계에서 이번 감사의 규모 · 특성 등을 감안하여 합리적인 감사 기간을 설정하고 특별한 사유가 없는 한 지켜야 합니다. 앞서 설명한 대로 감사는 피감기관으로서는 준비할 일이 많고 여러 업무가 영향을 받는 일이기 때문입니다.

그렇기에 감사팀 편의에 따라 감사준비나 개시 시점을 수시로 변경 · 연기해서는 안 됩니다. 특히 감사준비가 부족해서라거나 감사관들의 개인적인 사정으로 인해 일정을 변경 · 연기하는 것은 감사기구로서는 부끄러워해야 할 일입니다. 또한 감사준비가 부족한 상황에서 본감사에 일단 착수하고서는 감사진행 상황에 따라 감사 기간을 편의대로 연장하거나 하는 것은 더 부끄러워해야 할 방식입니다. 감사 설계·준비 단계에서부터 이번 감사가 체계적이고 효율적으로 진행될 수 있도록 감사의 규모·특성에 맞는 일정을 마련하고 관리해 나가야 합니다.

여기서 사고실험을 조금 더 해보시지요. 감사를 위해 기초조사 등의 준비를 해보니 '실적'이 나올 것 같지 않은 상황을 가정해 봅시다. 기초조사를 나름 치밀하게 했는데도 그런 상황입니다. 실무에서 감사관들이 자주 부딪치는 상황입니다. 어떻게 할까요? '실적이 나오겠다 싶을 때까지' 감사준비를 더 할까요? 아니면 감사를 접어야 할까요?

첫째, '실적이 나오겠다 싶을 때까지' 준비하는 것은 바람직하지 않습니다. 피감기관에 과도하고 부당한 부담을 주는 일입니다. 또한 이처럼 하나의 감사사항에 집착하는 것은 감사기구의 전체적인 감사 운영에 차질을 빚게 됩니다. 둘째, '실적이 있겠다, 없겠다'는 계획된 감사를 '한다, 안 한다'에 고려요소가 되어서는 안 됩니다. 앞서 말씀드렸듯 실적이 감사의 목표는 아니기 때문입니다.

감사기구에는 전반적인 감사계획을 수립하고 구체적인 감사사항과 대상 기관·업무를 선정하고 이를 공식화하는 절차가 있습니다. 지금 저희는 이러한 절차가 이뤄진 이후, 다시 말해 '감사계획에 포함된 감사사항을 어떻게 설계하고 준비할 것이냐'는 단계를 다루고 있습니다. 이와 같은 단계에서 감사계획을 변경하려면 명확한 사유, 설명할 수 있는 근거가 있어야만 합니다. 감사기구는 감사계획 변경에 관한 원칙·기준을 가지고 있어야 합니다.

4. 현장감사 실시

공감법을 비롯한 각 기관의 감사 관련 규정 등에 감사의 절차와 행동준칙들이 규정되어 있습니다. 이 책에서는 구체적인 규정보다는 그 밑에 자리 잡고 있는 문제의식을 살펴보고자 합니다. 요약하면 다음과 같습니다.

- "규정과 절차에 따라 감사해야 한다."
- "피감사자의 인격과 권익을 존중해야 한다."
- "감사관 간, 감사관과 지휘부 간 커뮤니케이션이 중요하다."
- "감사반발에 대한 대비가 필요하다."

4.1. 규정과 절차에 따라 감사해야 한다

감사는 감사관이 합니다. 그러나 감사관 마음대로 자료를 요구하고, 출석을 요구하고, 문답을 받고, 자신이 결론을 내리면

끝나는 것인 양 여겨서는 안 됩니다. 감사는 감사관 마음대로 하는 것이 아니라 규정과 절차에 따라 하는 것입니다.

'독수독과毒樹毒果'라는 말이 있습니다. 독이 든 나무는 열매에도 독이 있다는 뜻입니다. 법에 어긋난 방법으로 얻은 증거는 증거로 인정할 수 없음을 이르는 말입니다.

공감법과 각 기관의 감사 관련 규정 등에 있는 여러 절차와 기준들은 감사관과 감사기구가 정해진 원칙과 절차, 기준 안에서 움직이게끔 규율합니다. 감사관과 감사기구, 그리고 감사를 받는 기관과 사람들은 그러한 규정에 한편으로는 '제약'을 받으면서 또 한편으로는 '보호'를 받습니다. 예컨대 감사관은 그러한 규정이 인정하는 한도와 절차 내에서 자료를 제출받을 수 있지만('제약'), 그러한 규정이 있음으로 인해 '권한이 있느냐?'는 공격으로부터 자유로울 수 있습니다.('보호') 감사를 받는 사람들은 그러한 규정에 따라 감사에 협조할 의무를 지게 되지만('제약'), 이는 동시에 감사관의 권한남용·절차위반을 거부할 수 있는 근거이기도 합니다.('보호')

이렇듯 감사에 관한 규정과 절차는 감사관, 감사기구, 감사를 받는 쪽 모두를 규율하고 보호하는 장치입니다. 이를 감사관과 감사기구가 지키지 못하면 '감사의 흠결'로 이어지게 되고 감사의 권위와 신뢰 역시 떨어지게 됩니다.

4.2. 피감사자의 인격과 권익을 존중해야 한다

감사가 진행되는 실무 현장에서는 감사관과 피감사자가 문제점과 대안을 함께 고민·모색하는 협업의 모습보다는 감사관은 문제점을 지적하려 하고 피감사자는 방어하려고 하는 갈등·긴장의 모습이 더 많습니다.

그러한 대결 상황·구도에서 감사관이 사안에 지나치게 감정이입하고, 감사를 이기고 지는 문제로 여기고, 피감사자·피감기관의 의견을 감사관 자신과 감사기구에 대한 반발로 여기거나 한다면 감사관은 감사인의 자세와 품위를 잃게 됩니다.

또한 감사관이 피감사자·피감기관의 잘못을 추궁하며 우월적 지위에 서는 데 익숙해지면 권력에 취하고 추해집니다.

이와 같은 모습·행태들은 '과도한 감사', '폭력적 감사'가 될 수 있고, 감사관은 처벌 대상이 될 수도 있습니다. 처벌 대상이 될 수 있으니 조심해야 한다는 얘기가 아닙니다. '과도한 감사', '폭력적 감사'는 그 자체로 잘못입니다.

4.3. 감사관 간, 감사관과 지휘부 간 커뮤니케이션이 중요하다

공공감사는 감사기구의 감사입니다. 감사관 개개인은 원칙과 규정·절차 안에서 자신의 소신과 역량을 발휘할 수 있어야 합니다. 감사기구는 감사관 개개인이 소신과 역량을 발휘할 수 있도록 지원하고, 또한 부당한 간섭을 받지 않고 온전히 직무를 수행할 수 있도록 '방패' 역할도 해야 합니다.

감사관이 '자신의 사건'에 지나치게 함몰될 경우, 편견·오류에 빠질 수 있습니다. 감사 방식·태도도 '바른길'에서 벗어날수 있습니다. 예컨대 피감기관으로서는 그럴 수밖에 없었던, 그것이 합리적이었던 '사유가 있는 일', 또는 우선순위에 비춰볼때 '사소한 일, 차이가 없는 일'에 감사관의 관심이 쏠려 온 힘을 쏟고 '너무 멀리 가 버리는' 경우입니다.

이러한 편견·오류·부작용을 방지하고 감사가 팀으로서 지혜로워지기 위해서는 감사관 간, 그리고 감사관과 지휘부 간커뮤니케이션이 중요합니다. 커뮤니케이션을 위해서는 감사관들, 그리고 지휘부의 노력도 필요하고 중요하겠지만, 적절한수준의 보고 체계·방식·주기를 갖추어 자동적·주기적으로감사 진행 상황과 쟁점이 보고되고 토론되도록 하는 것이 중요합니다. 사람들의 '의식과 노력'도 중요하지만, 커뮤니케이션을 만들어내는 '장치와 프로세스'도 중요하다는 것입니다.

감사기구의 지휘부·상급자는 하급자(하급 감사관)를 지시대로 움직이는 부하로 여기기보다는 '감사관'으로서 존중하고함께 감사의 오류를 검증하고 더 나은 대안을 모색해야 합니다. 이것이 앞서 말씀드린 감사기구가 감사관을 '지원'하고 '방패' 역할을 한다는 의미입니다. 감사기구가 조직 수준에서의 지혜를 발휘할 수 있도록 커뮤니케이션에 힘쓰고 그것을 위한 '장치와 프로세스'를 갖추는 것, 이를 통해 감사관이 오류에 빠지지 않도록 하는 것이지요.

4.4. 감사반발에 대한 대비가 필요하다

공공감사 현장에서는 고의적인 자료제출·출석의 거부나 지체, 자료 은닉·파기, 감사관·감사팀에 대한 음해 등 다양한 형태의 '감사반발'이 있습니다.

피감사자·피감기관이 잘못과 비효율을 인정하지 않으려 하고 자신을 방어하려 하는 것은 자연스러운 일이기도 합니다. 따라서 감사관·감사기구로서는 피감사자·피감기관의 반발을 일종의 '상수常數'로 간주하고, 피감사자·피감기관의 협조와 협력을 얻어낼 수 있도록 인내하고 규정과 절차에 따라 헤쳐나가야 합니다.

피감사자·피감기관이 통상적인 수준을 넘어서는 반응과 행태를 보일 때는 우선 감사관·감사팀이 혹 우리에게 문제가 없는지를 돌아보아야 합니다. 또 왜 피감사자·피감기관이 그러는지 이유를 살펴보아야 합니다. 우리 감사에 문제가 있는지, 피감사자·피감기관에 큰 문제가 있어서 감사를 두려워하는 것인지, 아니면 감사관·감사팀과 피감사자·피감기관 간 커뮤니케이션에 문제가 있는 것인지 등을 냉정하게 살펴보아야 합니다.

우리 감사와 감사방식 등이 적법하고 무리가 없는 경우라면, 규정과 절차에 따라 감사반발을 처리하여야 합니다. 예컨대 자료요구에 지체·불응하는 상황이라면, 감사관 개인의 의지나 인적 네트워크에 의존하기보다는 문서와 근거 규정에 따라 자료를 요구하고, 지체·불응하면 다시 문서와 근거 규정에 따라 자료를 요구하는 방식으로 차근차근 명분을 쌓으면서 피감사자·피감기관의 협조·협력을 끌어내야 합니다.

이러한 과정에서 감사관·감사팀의 냉정함과 인내가 필요하고 피감사자·피감기관에는 감사관·감사팀이 감사 권한을 규정과 절차에 따라 행사하고 권한을 남용하지 않을 것이라는 신뢰를 주어야 합니다. 적정선에서 타협하라는 뜻이 아닙니다. 지금 이 감사가 피감사자·피감기관에 힘들더라도 공정하게 조사되고 피감사자·피감기관의 소명이 규정·절차에 따라 충분히 검토될 것이고, 궁극적으로는 피감사자·피감기관이 '개선되는 계기'가 될 것이라는 점을 이해할 수 있도록 최선을 다하여야 한다는 뜻입니다.

당연한 얘기지만, 감사반발에 대응하는 규정·절차의 확립과 선례先例의 축적 등이 있어야 합니다. 상황의 유형별로 대응요령, 그 근거 규정, 선례 등을 정리해 두면 급박한 상황에서도 냉정하고 차분할 수 있습니다. 그래야 위와 같은 '인내'가 힘을 얻을 수 있습니다.

5. 감사결과 보고 및 처리

앞서 살펴본 과정들도 그렇습니다만, 특히 이 부분 '감사결과 보고 및 처리'는 구체적인 규정, 선례와 실무에서의 경험이 중요한 과정입니다. '감사보고서' 하나만 놓고 보더라도 감사기구마다 형식이나 작성방식에 차이가 큽니다. 피감기관이 감사관의 의견에 동의하지 않고 반박하는 경우, 이를 처리하는 방식에도 상당한 차이가 있습니다.

이러한 것들을 비교해 보는 것도 의미가 있겠습니다만, 이 책에서는 공공감사를 바라보는 '개념틀'을 제시하고 싶습니다. 그러한 맥락에서 이 부분에서는 감사보고서 작성, 내부검토 · 심의, 소명제도 등에 관한 생각을 간추려 적어보겠습니다.

5.1. '감사보고서'라는 그릇

1) 처분요구서, 감사결과보고서, 그리고 감사보고서
먼저 감사원 얘기를 잠깐 드려 보겠습니다.

〈그림 5-2〉 감사원의 보고서 명칭

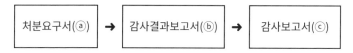

처분요구서(ⓐ) → 감사결과보고서(ⓑ) → 감사보고서(ⓒ)

　감사원이 감사위원회의監査委員會議 의결을 거쳐 내놓는 최종 보고서의 표지 제목입니다. 10여 년 전에는 '처분요구서'였다가 '감사결과보고서'를 거쳐 지금은 '감사보고서'로 자리를 잡았습니다. 언뜻 ⓐ→ⓑ→ⓒ로 바뀐 게 무슨 차이가 있나 싶지만, 공공감사의 기능과 역할을 고민하는 사람들에게는 큰 차이가 있습니다.

　'처분요구서'는 말 그대로 감사원이 피감기관 또는 처분권자에게 '처분'을 '요구'하는 것입니다. 감사와 그 결과를 행정 '내부'의 일로 봅니다. 감사원과 피감기관 '바깥'의 일반독자에 대한 생각은 애당초 없는 셈입니다.

　'감사결과보고서'는 말 그대로 '보고서'라는 생각을 담고 있습니다. 누구에게 하는 보고일까요? 감사원의 감사팀이 감사원장이나 감사위원회의에 하는 보고일까요? 만약 감사원 직원들이 그렇게 생각했다면 실망스러운 일이고요, 아마도 그러지 않았으리라고 저희 필자들은 생각합니다. 여기서 '보고'는 대리인 모델('주인-대리인-감사인')의 '감사인'이 '주인'에게 하는 '보고'라고 보아야 합니다. 국회, 지방의회, 언론 등을 비롯한 감사의 이해관계자를 염두에 두기 시작한 것입니다. 처분·조치 요구를 받는 피감사자·피감기관만이 아니라 제3의 독자가 있다, 어쩌면 더 중요한 독자라고 생각하기 시작한 것입니다.

지금의 명칭 '감사보고서'는 위와 같은 '감사결과보고서'에서 '결과'가 빠져 있습니다. 달랑 '결과'만 실어서는 안 된다는 생각이 아닐런지요. '결과·결론'만이 전부가 아니라는 것입니다. 결과·결론만이 아니라, 감사를 하게 된 경위, 감사의 방법론, 쟁점들, 결론에 이르는 과정, 감사의 한계 등을 충실히 담아야 한다는 것입니다. 그래서 독자들의 이해와 판단을 돕는 '유용한 정보'를 지향하겠다는 것입니다.

2) 지향점 : '감사보고서'

중앙부처, 자치단체, 공공기관 등의 자체감사기구에서 감사를 마무리하고 문서화할 때 위와 같은 고민을 하는지, 또는 그러한 문서에 어느 정도의 내용을 담는지, 예컨대 결론만 싣는지 아니면 그 이상을 싣는지는 저희도 궁금하고 연구주제로도 의미 있어 보입니다.

필자들은 자체감사기구가 서 있는 현재 위치는 제각각이겠지만 감사원이 걸어온 길(ⓐ→ⓑ→ⓒ)을 자체감사기구들도 따라오고 있지 않을까 추정해 봅니다. 또 그러한 방향이 옳다고 생각합니다. 이러한 맥락과 믿음에서 '감사보고서'를 어떻게 작성해야 할까, 좋은 보고서란 무엇일까 고민해 보려 합니다.

3) '좋은 감사보고서'를 위해 고민할 점

감사보고서는 감사에 관한 보고서입니다. 결과뿐만 아니라 감사의 계획에서부터 최종결론에 이르기까지 감사기구 · 감사관들의 활동과 생각을 담은 문서입니다.

감사원이나 각 감사기구에는 감사보고서의 작성에 관한 기준 · 요령 · 매뉴얼 · 사례집들이 많습니다. 이 책에서는 그런 구체적인 내용을 요약하지는 않겠습니다. 그보다는 '어떻게 하면 우리 감사가, 감사보고서가 더 좋아질까?'라는 물음에 몇 꼭지 적어두고자 합니다.

√ 사안에 맞는 유형 · 포맷이 있어야 한다

감사는 종류만 하더라도 대분大分하자면 정기감사 · 일반감사 유형, 특정감사 · 부문감사 · 성과감사 유형이 있습니다. 또 대인감찰 활동도 있습니다. 그리고 감사결과 조치 요구도 문책 · 주의, 시정요구, 통보, 법령개선 권고 등 다양합니다.

감사보고서 서술방식에서 종래에는 예컨대 개인 · 부서에 대한 문책 · 주의 요구, 보조금환수 요구, 행정조치 요구 등과 같이 '문제점을 지적하는 것' 일변도였다면 이제는 많은 감사기구에서 '실태를 기술·분석하는 감사보고서'가 시도되고 있습니다.

　예를 들어보겠습니다. "~함에 있어 ~하여야 함에도 ~함으로써 ~한 결과가 초래되었다."는 전통적인 문서 형식이 있습니다. 이 형식은 규정에 위배되었다는 비교적 간단한 합규성 감사에는 맞춤합니다. 그러나 감사 대상 사업·정책이 걸어온 과정이 길고 복잡하다거나, 이해관계가 얽혀 있다거나, 사업·정책의 비용과 편익을 비교해 보아야 하는 사안 등을 비롯하여 감사기구·감사관이 실무에서 부딪치는 여러 경우에 맞지 않는 옷(형식)입니다.

　요컨대 감사의 유형, 감사결과 조치를 요구하거나 권고하는 방식과 어조, 감사 대상 사업·정책의 성격과 최종보고서에 담아야 할 내용의 폭과 깊이 등에 따라 그에 적합한 감사보고서 유형을 몇 가지 정해 두어야 합니다. 그리고 유형별로 표준·선례 문안이 있어야 합니다. 그래야 감사관들이 감사를 구상하고 진행하고 정리하는 데 기준점을 가질 수 있습니다.

　흔히 감사기구들과 감사관들은 기왕의 보고서 가운데 평이 좋았던 보고서를 선례로 삼습니다. 그 보고서의 구성, 논리전개, 문장형식 등을 따릅니다. 평이 좋았던 보고서들이 감사관들 사이에서 잘 전수된다면 이는 바람직한 일입니다. 하지만 감사관 개인의 수준에서 머물러서는 안 됩니다. 특히 감사관들은 평이 좋았던 보고서라 하더라도 '도전적인 형식'은 피하려 하기 쉽습니다. 그보다는 '안전한 방식'을 좋아합니다. 그래서는 발전이 있기 어렵습니다. 그렇기에 감사기구 차원에서 '지향하는 감사보고서의 모습'이 있어야 합니다. 감사기구 차원에서 감사관들에게 표준·선례로 제시하는 감사보고서가 있어야 합니다.

감사기구가 처음부터 감사보고서 유형을 명확하게 정하고 갖가지 유형별로 표준·선례 문안을 제대로 갖추기는 어렵습니다. 하지만 새로운 유형, 새로운 시도, 더 좋은 선례·문안이 나올 때마다 이를 축적하고 공유하는 노력을 지속해야 합니다. 주기적으로 감사보고서에 관한 가이드라인을 업데이트하고 선례집을 만드는 것도 좋은 방법이겠습니다.

√ 보고서 표준포맷에 지휘부가 원하는 감사의 철학·지향점을 담는다

감사기구의 지휘부와 감사관을 대립 관계로 보는 것은 지나친 일반화이고 바람직하지도 않습니다. 하지만 여기서는 설명의 편의상, 다시 말해 독자들께 어떤 이미지를 보여드리기 위하여, 지휘부가 '새로운 감사'를 지향하고 있는데 감사관들은 이에 소극적이라고 가정해 보겠습니다. 예컨대 감사를 통해 감사 대상 사업·정책을 조망하고, 현장에서 감사 대상 사업·정책이 실제 어떻게 집행되고 있는지를 분석하고 대안을 제시하는 '새로운 감사'를 해보자고 하는데, 정작 감사관들은 이러한 감사에 소극적이라고 가정해 봅시다. 충분히 있을 수 있는 상황입니다. 감사관들은 변화를 두려워합니다. 새로운 감사방식, 감사보고서 작성을 두려워합니다. 감사관들은 "어떻게 하라는 것입니까"라며 태업 · 반발하고 "곧 원위치 될 것"이라고 생각합니다.

이러한 상황에서는 '이렇게 생긴 감사보고서'를 써보자는 것이라며 눈앞에 샘플을 내놓는 것이 효과적입니다.

그런데 이제 막 '새로운 감사'를 해보자고 하는 상황에서, 어떻게 당장 감사보고서 샘플을 보여줄 수 있을까요? 이러한 상황에서 감사보고서 샘플을 만든다는 것은 지휘부로서는 어려운 일입니다. 지휘부가 바라는 감사 자체가 기존의 방식과는 다른 '새로운 감사'이기 때문입니다.

하지만 방법이 전혀 없지는 않습니다. 기왕의 감사보고서 중 지휘부의 구상에 근접한 보고서들을 추리고 '변형'해서 '가상의 감사보고서'를 만드는 것입니다. 이 정도만으로도 충분히 샘플이 될 수 있습니다. '새로운 감사'를 하자고 주장만 하는 것보다는 훨씬 더 효과적입니다. 지휘부가 감사관들과 눈에 보이는 '실물'을 놓고서 보다 구체적으로 얘기를 할 수 있을 것입니다.

√ 감사관들이 따라할 수 있어야 한다

앞의 가정과 사고실험을 계속 이어가 봅시다. '새로운 감사'를 하자고 하면서 '보고서 포맷' 정도를 제시하면 어떨까요? 감사보고서의 '새로운 포맷'을 제시하면서 그러한 틀에 따라 보고서를 써보자고 감사관들을 독려하는 것이지요.

감사관들이 새로운 감사에 공감하고 새로운 시도에 나선다면, 위와 같은 방법도 효과가 있을 수 있고 경우에 따라 지휘부가 기대한 것 이상의 좋은 감사보고서가 나올 수도 있습니다. 하지만 현실의 감사관들은 기존 방식에 익숙한 사람들입니다. '보고서 포맷' 정도를 제시하는 것으로는 감사관들에게 동력이 되기 어렵습니다. 앞서 제시한 '감사보고서 샘플'은 내용까지 채운 것이어야 합니다. 감사관들은 기본적으로 기왕의 선례·문장들을 '따라 쓰기'하는 사람들입니다. 그런 만큼 '따라 쓸 수 있는 문장'을 실물로 손에 쥐여 주어야 합니다. 그래야만 주저주저하는 감사관의 등을 떠밀 수 있습니다.

'새로운 감사'를 하더라도 보고서 작성은 '어렵지 않겠다'는 믿음을 감사관들에게 줄 수 있어야 합니다. 그래야 기존의 감사, 감사관들이 익숙한 방식에서 벗어날 수 있습니다. '새로운 감사'를 하더라도 '기본은 하겠다'는 안도감과 여유가 있어야 합니다. 그래야 감사관들이 차분히 업무를 들여다보면서 새로운 시도를 할 수 있을 것입니다.

✓ 감사 문장에 관한 원칙이 있어야 한다

우리 감사보고서의 독자는 누구일까요? 독자가 있는 글이라면 독자가 읽기 쉬워야 하고, 품격이 있어야 합니다. 앞서 제시한 세 꼭지가 공공감사가 지향할 방향, 감사보고서가 담아야 할 내용에 관한 얘기였다면, 지금 저희 필자들이 드리는 얘기는 '문장'에 관한 것입니다. 어려운 얘기지만, 누구나 공감할법한 원칙들을 예시적으로 적어 봅니다.

> ▸ 읽기 쉬운 글은 짧고 리듬감이 있어야 한다.
> ▸ 팩트에 바탕해야 한다. 그렇지 않으면 주장에 불과하다.
> ▸ 좋은 글은 구성이 있다. 일률적인 구성('전제–정당론–비난')이 아니라, 감사에 관한 '스토리'를 담도록 노력해야 한다.
> ▸ 좋은 글은 입말로 쓴다. 글과 말이 다르지 않다. 말을 문자로 옮긴 것이 글이다.
> ▸ 글은 품격이 있어야 한다. 글은 고치는 것이다. 글을 바로잡는 좋은 방법은 낭독이다. 독자들 앞에서 발표한다고 생각하면서 소리 내어 읽어보는 것이다. 단어, 문장뿐만 아니라 논리·논거의 허점·오류가 보일 것이다.

이러한 원칙을 감사관들이 공감하고 스스로 노력해야 합니다. 그리고 다시 가상의 지휘부와 감사관들의 대립 상황으로 돌아가자면, 지휘부는 이를 관철하기 위해 집요해야 합니다.

5.2 감사보고서로 이끌어 가는 '새로운 감사', '좋은 감사'

독자분이 어느 자치단체에 근무하고 있다고 가정해 봅시다. 좀 더 구체적으로 길동시 감사실의 실장 또는 과장이라고 가정해 봅시다. '지휘부'의 일원인 셈이지요. 그리고 지금 지휘부에서 '새로운 감사', '좋은 감사'를 주창하고 있습니다. 앞의 '지휘부-감사 실무진 간 가상의 대립구도'를 이어가 봅시다.

'새로운 감사', '좋은 감사'를 위해서는 그것이 무엇인지 정의하고 기존의 감사와 어떻게 다른지, 또 왜 달라야 하는지를 설명하고 감사관들의 열정을 불러일으켜야만 합니다. 이것을 위해 기획하고 문서화하고 교육하고 홍보하고⋯ 해야겠지요. 저희 필자들은 이러한 과정에서 감사보고서라는 '그릇', 좀 더 구체적으로는 '샘플 감사보고서'가 '새로운 감사', '좋은 감사'를 구상하고 구체화하고 실무에서 구현되게 하는 데 가장 효율적인 도구라고 생각합니다. 눈에 보이는 '실물' 감사보고서 샘플이 있다면, 우선 지휘부부터 자신들이 추구하는 감사가 어떤 것인지를 구체적으로 그려볼 수 있을 것입니다. 지휘부부터 자신들의 생각을 다듬을 수 있을 것입니다. 감사보고서 샘플의 형식과 서술방식 등을 통해 지휘부의 생각을 구체화할 수 있을 것입니다. 감사 실무진과 보다 구체적으로 대화할 수 있을 것입니다. 실무진 입장에서도 '새로운 감사', '좋은 감사'가 무엇인지를 눈에 보이는 '실물' 감사보고서 샘플을 통해 그려볼 수 있을 것입니다. 그것을 기준으로 지휘부에 자신들의 생각과 고충을 얘기할 수 있을 것입니다.

이러한 맥락에서, 지휘부는 어떤 '샘플 감사보고서'를 만들어야 할까요? 샘플 감사보고서를 통해 '이런 감사를 하자는 얘기다', '이런 감사보고서를 쓰자는 것이다'라고 얘기한다고 할 때 샘플 감사보고서는 어느 수준이어야 할까요? '새로운 감사', '좋은 감사'에 관한 생각이 사람마다 다르고 그에 따라 감사보고서에 관한 생각도 다르겠습니다만, 저희 필자들의 생각을 간추려 보겠습니다.

√ '샘플 감사보고서'는 어떤 구성과 내용이어야 할까?

● 샘플 감사보고서는 도입 부분에서 감사의 배경과 의의를 밝혀 주어야 합니다. 이러한 도입부 구성은 감사관들로 하여금 '감사가 무엇인지', '어떤 감사보고서가 좋은 감사보고서인가'를 생각하게끔 하려는 것입니다. 달리 말해, 감사관들에게 단순히 '지적사항'을 모은 보고서가 아니라 '그 이상'을 요구하는 것입니다. 그렇다고 감사보고서 도입부에서 이번 감사의 배경

과 결과에 뭔가 거창한 것이 있다는 기대감을 실으라는 얘기는 아닙니다. 차분한 어조로 ① 이번 감사의 배경과 성격(예컨대 '감사 주기에 의한 감사'라는 점), ② 감사 대상 기관·사업·업무의 성격과 의미와 쟁점, ③ 그리고 감사를 통해 확인하고자 했던바 등을 적는 것입니다. 이러한 구성만으로도 감사관들이 '감사가 무엇인지', '어떤 감사보고서가 좋은 감사보고서인가'를 생각하게끔 됩니다. 예컨대 감사 대상 기관·사업·업무의 성격과 의미와 쟁점(②)은 그려내지 못한 채 매번 감사 '실적'이 나오는 부문에서 감사관이 익숙한 방식의 감사만 하려는 행태에 제동을 거는 것입니다.

• '감사'에 관한 내용이 들어 있어야 합니다. 감사를 하게 된 사유, 준비 과정, 감사 범위, 표본추출 과정, 감사방식, 전문가·이해관계자 의견청취 과정, 이견異見 조정·검토 과정 등을 수록해야 합니다.

• '감사의 한계'가 수록되어야 합니다. 샘플 감사보고서가 위에서 예시로 든 '감사'에 관한 내용을 담아야 하는 것은 감사는 항상 '오류 가능성'을 안고 있기 때문입니다. 감사의 출발에서부터 최종결론에 이르기까지 절차와 내용 고비고비마다 '오류 가능성'을 안고 있는 것입니다. 그러한 '오류 가능성'을 누구보다 많이 알고 있는 쪽이 바로 감사관들과 감사기구입니다. 저희 필자들이 감사보고서에 '감사의 한계'를 수록해야 한다고

하는 것은, 감사관들과 감사기구가 자신들의 우려·고민을 독자들에게 솔직하게 공개해야 한다는 것입니다. 감사보고서가 '주장'이 되어서는 안 됩니다. 감사보고서가 '이런 측면을 감안하면서 읽혔으면 좋겠다', '이렇게 읽혀서는 안 된다'는 감사기구의 우려·고민을 담고 있어야 합니다.

- 또한 '정답이 없는 사안'에 대하여 어떤 감사보고서를 낼 것이냐는 고민이 필요합니다. 억지 답안('지적을 위한 지적')을 쓰기보다는 우리 감사기구가 확인하고 고민한 내용을 충실하게 담고 쟁점을 보여주는 방식이 '유용한 정보'가 될 것입니다.

√ '샘플 감사보고서'는 어느 수준이어야 할까?

- 기존의 감사방식이 변해야 한다는 데 공감하는 감사관들에게는 '이렇게 하면 되는 것이구나' 하는 예시·확신을 줄 수 있어야 합니다. 샘플 감사보고서가 보고서의 구조나 형식 정도를 보여주는 데 그쳐서는 안 됩니다. 감사보고서의 표지부터 마지막 문장의 마침표까지 최대한 '실물'이어야 합니다.

- '새로운 감사', '좋은 감사'에 관한 논의·고민을 하다 보면 감사보고서가 단편적인 지적보다는 '유용한 정보'를 담고 있어야 한다는 생각에 이르게 됩니다. 그런데 감사관들은 지적사항이 아닌 실태를 기술description하는 것을 어려워합니다. 글쓰기

가 어려우니 '그런 보고서가 무슨 소용이 있냐'고 항변을 합니다. 그렇기에 피감기관의 조직·예산·사업의 개략적인 모습과 쟁점이 드러날 수 있도록 보고서의 포맷을 개발해야 합니다. 샘플 보고서에 따라 기관명·연도·숫자를 바꿔 넣으면 개략적인 보고서가 되게끔 해야 합니다.

• 이번 감사는 '지난번 감사와 달라야 한다'는 생각(강박증)이 감사와 감사보고서를 어렵게 만들곤 합니다. 감사 때마다 '새로운 내용', '다른 문장'을 보여주려고 하기보다는 '기존 내용·문장을 업데이트한다'는 콘셉트와 그에 대한 지휘부의 이해가 필요합니다. 감사보고서가 시계열적 추이를 보여주는 것도 대단히 중요한 덕목이자 요건입니다.

5.3. 감사품질을 위한 비판적 내부검토

감사보고서의 오류를 최소화하고 품질을 높이기 위해서는 감사보고서가 심의·확정되는 과정에서 이를 비판적으로 검토하는 팀이 있어야 합니다.

감사보고서는 감사기구가 속한 기관의 장이 결재함으로써, 또는 감사위원회 심의를 통해 확정됩니다. 그런데 그 전前단계에서 감사관이 작성한 감사보고서를 감사기구 내 제3의 팀이 비판적으로 검토하는 시스템·프로세스가 있어야 합니다. 제3

의 팀이란 당해 감사를 설계하고 집행한 라인이 아닌 팀을 말합니다. 기관 규모가 크지 않은 경우 제3의 팀을 정식 부서로 두기 어려울 수 있습니다. 이럴 때는 감사실 내에서도 당해 감사에 참여하지 않은 팀에게 역할을 부여할 수 있을 것입니다.

감사보고서의 오류를 바로잡고 품질을 높이기 위해서는 직접 감사를 수행한 라인보다는 조금이라도 더 객관적일 수 있는 시선이 필요하다는 인식과 용기가 필요하고 중요합니다.

제3의 팀이 검토할 때는 감사보고서의 '독자' 입장에서 읽어야 합니다. 또한 피감기관 입장에서 읽어 줘야 합니다. 독자 입장에서 쉽게 이해할 수 있는지(가독성), 관심을 끌거나 앞으로 도움이 될 내용이 있는지(유용성) 등을 검토해야 합니다. 그리고 피감기관 입장에 서서 사실관계가 정확한지, 소명 내용이 진지하게 검토 · 반영되었는지 등을 검토해 주어야 합니다.

제3의 팀에게 검토를 받는다는 측면에서 전문가 자문도 유용합니다. 전문가 자문을 통해 핵심 감사결과가 외부의 비판을 견뎌낼 수 있겠는지 검증을 받는다면 감사의 신뢰도를 높이고 감사결과 발표 이후 피감사자 · 피감기관의 반발, 언론 · 의회의 비판 등과 같은 후속 리스크도 줄일 수 있습니다.

사업 · 정책의 이해관계가 복잡한 현실에서 전문가 자문이 신뢰를 받기 위해서는 전문가 선정이 균형되고 납득할 만해야 합니다. 전문가 자문 자체가 시비 대상이 된다면 안 하는 게 낫겠지요. 그러한 복잡한 사안·상황에서 감사기구가 최선을 다해 숙고하는 것 역시 공적 기관으로서 감수해야 할 역할이자 책임이라 하겠습니다.

5.4. 소명제도

감사기구의 감사결과 내부검토와 심의 과정에서 피감기관은 소명을 제출할 수 있습니다. 감사원의 경우, 현장감사 종료 후 감사팀이 '질문서'를 발부하고 피감기관이 '답변서'를 제출하는 것이 피감기관의 의견·입장을 청취하는 전통적인 프로세스였습니다. 그러나 근래 다양한 소명제도를 도입하고 있습니다. 대표적으로 '적극행정면책제도'와 '감사권익보호관제도'가 있는데 간략히 살펴보면 다음과 같습니다.

• 적극행정면책제도에 따라 면책신청을 하게 되면 면책제도 전담부서에서 기초검토를 하고 민간위원 중심의 적극행정면책 자문위원회에서 심의를 합니다. 감사팀은 그러한 심의 결과를 수용하여 감사보고서에 반영하거나 검토의견을 달아 감사위원회의에 보고합니다. 감사원의 최종의사결정기구는 감사위원회의인 만큼 자문위원회 의견에 기속되지는 않습니다.

• 감사원은 정부법무공단 소속 변호사를 감사권익보호관으로 위촉하고 있고, 권익보호관은 소명서가 제출되면 감사위원

회의에 배석하여 소명인의 입장을 보고하고 의견을 진술하고 있습니다.

피감기관이 감사결과가 감사기구 내부에서 검토·심의되는 단계에서 답변서를 통해 다른 의견을 제출한다거나 소명서 등을 제출한다는 것은 감사과정에서 감사관이 피감기관의 설명을 수용하지 않았다거나 현장감사 종료 이후 제출할 새로운 내용이 있다거나 하는 경우입니다.

이와 같이 소명서 등이 제출되는 경위를 볼 때, 소명제도는 감사를 수행한 감사관이나 감사팀이 아닌 제3자로 하여금 검토하여 달라는 구조로 설계되어야 합니다. 그렇지 않으면 감사 현장에서 감사관에게 설명하고 감사관이 수용하지 않았던 '다툼의 연장'일 뿐입니다.

감사기구의 책임자는 소명제도를 설계·운영할 때 당해 감사관(팀)이 아닌 제3자가 검토할 수 있는 구조를 만들어야 합니다. 물론 소명 검토팀이 당해 감사관(팀)의 의견을 물을 수는 있습니다. 하지만 소명 검토팀이 독자적인 검토보고서를 작성할 수 있도록 해야 합니다. 이 작업이 앞서 ('5.3. **감사품질을 위한 비판적 내부검토**'에서) 살펴본 제3자의 감사보고서 검토과정에서 함께 이루어지도록 하는 것도 하나의 방법입니다.

5.5. 판단

감사보고서는 최종 결재권자의 결재나 최종심의기구(감사위원회 등)의 심의로 확정됩니다. 이 단계는 결재권자나 위원들의 '판단의 영역'입니다. 결재권자나 위원들, 그리고 그들에게 자신의 의견(감사보고서 안건)을 보고하는 감사 실무진들의 판단을 돕기 위한 도구가 충실해졌으면 좋겠다는 맥락에서 몇 가지 이슈를 제시해 봅니다.

- 선례先例 축적 · 관리
- 소수설少數設 보고 · 기재*

6. 사후관리

감사보고서가 최종 결재권자의 결재나 최종심의기구(감사위원회 등)의 심의로 확정되면 피감기관에 감사결과를 전달하고

---

* 감사'위원회' 심의 과정에서 위원들의 의견이 합치되지 않아 다수결로 결론을 내린 경우를 가정해 봅시다. 감사보고서에 최종결론만 담아 감사기구의 판단을 명확하게 보여줄 수도 있겠지만, 심의 과정에서의 '소수의견'까지 담는 것도 고려해 볼 수 있습니다. 이렇게 결론에 이르는 과정과 쟁점을 담는다면 감사보고서가 보다 균형 잡히고 설득력이 있게 될 거라는 생각입니다.

그 이행상황을 관리하게 됩니다. 최근에는 감사결과를 보도자료 등으로 공개하는 기관들도 늘어나고 있습니다.

최종 감사결과에 피감기관이 반발하거나 감사결과대로 이행되지 않는 경우가 실무에는 적지 않습니다. 이 경우 원인이 무엇인지 살펴봐야 합니다. 감사결과가 합리적임에도 피감기관이 기존의 업무체계·방식을 고수하는 상황이라면 감사결과와 취지를 피감기관과 그에 공감·동조하는 언론·의회 등에 명확히 설명하고 감사결과가 이행되도록 주기적으로 확인해야 합니다. 반면, 피감기관의 반발이 감사가 현실을 제대로 포착하지 못했다거나 결론(조치 요구 내용)이 현실성이 없거나 하는 경우라면, 재심의·직권재심의 등의 과정을 통해 바로잡아야 합니다.

감사기구는 자신의 감사에 대하여 '복기復棋 작업'을 해야 합니다. 하나의 감사가 마무리되면 감사팀의 내부토론이 필요합니다. 자화자찬이어서는 안 됩니다. 다음에 비슷한 감사를 한다면 '더 좋은 감사'가 무엇일지 고민해 보아야 합니다. '감사실적'이 아니라 '더 좋은 감사'가 목표·주제가 되어야 합니다.

또한 감사에 대하여 피감기관의 반응을 제3의 팀이 확인해 보는 작업도 필요합니다. 예컨대 감사원의 경우 감찰관실에서 감사사항 중 일부를 대상으로 수시로 이 작업을 합니다. 그리고 피감기관과 우리 감사보고서의 독자를 대상으로 우리 감사기구에 대한 신뢰도·만족도를 조사해 보는 것도 필요합니다. 이 작업은 감사관들이 소극적이기 마련입니다. 그런 만큼 주기적으로, 예컨대 매년 이루어지도록 '제도화'하는 것이 좋습니다. 지난번 조사와 비교해 볼 수 있는 장점도 생길 것입니다.

감사결과를 전달받은 피감사인은, 감사기구마다 명칭이 조금씩 다르긴 합니다만, '재심의', '이의신청' 등을 할 수 있습니다. 재심의·이의신청은 이의를 제기하는 것인 만큼 감사기구에서는 해당 감사를 수행한 팀이 아닌 제3의 팀에서 검토하는 것이 합리적입니다.* 더 나아가 당해 감사기구가 아닌 제3의 기관에서 검토해야 한다는 주장도 있을 수 있겠습니다.

감사원의 경우 재심의가 청구되면 이를 원래 감사했던 부서가 아닌 '재심의 전담부서'에서 검토하고 있습니다. 논리상 감사원이 아닌 제3의 기관에서 검토해야 한다는 주장도 있을 수 있겠습니다만, 그 경우 '그 기관의 판단에 대해서는 또 누가 검토하느냐?'는 얘기가 이어질 수밖에 없습니다. 결국 최종 판단은 법원에서 이루어질 수밖에 없는 체계에서, 현행 감사원의

---

*『중앙행정기관 및 지방자치단체 자체감사기준』(감사원규칙) 제30조 제1항에는 "감사기구의 장은 재심의신청을 받은 경우 공정한 처리를 위하여 해당 감사결과에 관여하지 않은 감사담당자가 처리하도록 하여야 한다."고 규정하고 있습니다.

재심의 체계는 한계가 있지만 '차선의 체계'로서 다른 감사기구에 기준점 역할을 하고 있다고 하겠습니다.

한편, 감사원이나 감독 권한이 있는 기관의 감사가 아니라 자체감사기구가 실시한 감사의 경우, 예컨대 길동시 감사실이 길동시의 어느 사업부서를 감사한 경우, 피감사인(길동시 사업부서)의 재심의·이의신청이 원천적으로 부담스러운 구조입니다. 감사결과가 기관장(길동시장)의 결재로 확정되기 때문에 피감사인으로서는 기관장이 보고받고 최종 결정한 내용에 대하여 이의를 제기하기가 쉽지 않은 것입니다.

근래에는 광역자치단체의 경우와 같이 '감사위원회' 방식을 도입하는 사례도 늘고 있습니다. 이 경우 감사위원회가 감사결과를 최종 심의·확정하고, 재심의·이의신청은 피감기관의 대표자인 기관장이 하게 됩니다. 그런데 기관장이 감사위원장에게 재심의·이의신청을 하는 것은 자칫 기관 내 갈등으로 비치기 쉽습니다. 역시나 재심의·이의신청이 활성화되기 어려운 현실입니다.

이 책의 독자분들은 아마도 감사를 받는 쪽보다는 '하는 쪽'에 가까울 듯합니다. 감사를 하는 입장에서 재심의·이의신청이 쉽지 않은 현 구조가 다행스러운 것일까요?

감사를 하는 쪽에 있는 분들은 무엇보다도 감사에는 오류 가능성이 있다는 점, 재심의·이의신청이 공공감사의 자연스러운 과정의 하나라는 점, 피감사자의 '권리'라는 점 등을 인식하고 공감할 수 있어야 합니다. 재심의·이의신청이 들어오는 것에 감정적으로 반응하는 것은 아닌지부터 돌아보아야 합니다.

7. 총체적 감사품질 관리

7.1. 감사기구 운영, 감사 프로세스 전반의 '총체적' 품질

잠시 숨을 골라보시지요. 저희는 지금 '프로세스'에 관하여 살펴보고 있습니다. ① 감사계획 수립 또는 감사사항 선정, ② 감사설계·준비, ③ 현장감사 실시, ④ 감사결과 보고 및 처리, ⑤ 사후관리, 이렇게 5개 단계로 나누어 쟁점과 생각해 볼 만한 요목들을 살펴보았습니다.

이와 같이 감사 프로세스를 두고 세밀하게 관리하는 것은 결국은 '감사품질'을 높이려는 노력입니다.

감사품질은 감사보고서의 품질만을 의미하지 않습니다. 감사사항 선정이 의미 있고 대표성이 있어야 합니다. 감사설계·준비를 통해 감사비용과 감사편익을 고민해야 합니다. 현장감사 과정에서 피감사자의 인격과 권익이 존중되어야 합니다. 또한 4장에서 살펴본 '사람'도 중요합니다. 6장에서 살펴볼 '관계'도 중요합니다.

이 책에서 저희 필자들은 '건강한 판단, 지식의 축적, 성숙한 인격'과 같은 감사인과 감사기구가 지향할 바를 제시하기도 하였고, '사람, 프로세스, 관계'라는 프레임을 통해 좋은 감사가 무엇일까, 좋은 감사를 위한 요목이 무엇일까를 고민해 보자고 제안하고 있습니다. 그리고 공공감사가 감사관 개인의 경험과 주관·의지에 따라 이루어지기보다는 규정과 절차에 따라 이루어지도록 제도화하고 보완해 나가야 한다고 강조했습니다. 요컨대 감사기구 수준에서 감사역량을 축적하고 높여 감사기구의 활동 전술 과정의 품질을 높여야 한다는 것입니다. 이를 '총체적 감사품질 관리'로 불러도 무리가 없을 것입니다.

감사품질을 어떻게 높일 수 있을까요? 이 책의 구성과 논리를 따르자면 '사람-프로세스-관계'라는 3요소를 하나하나 확충하고 개선하면 되겠지요. 하지만 그러한 답변은 '모든 걸 다 잘하면 된다'는 식으로 비치지 않을까, 그래서 '어디서부터 해야 할지 모르겠다'는 모호함·무기력에 빠져버리지 않을까 걱정도 됩니다. 그래서 저희 필자들은 지금 이 대목에서는 '프로세스'에 집중해 보고자 합니다. '사람'과 '관계'는 상대적으로 긴 시간이 요구되는 주제입니다. 반면에 '프로세스'는 비교적 손에 잡히는 얘기들이고 이를 통해 '사람'과 '관계'의 변화도

도모할 수 있는 경로·수단으로 보이기 때문입니다.

7.2. 판단기준과 품질기준

다시 사고실험을 해봅시다. 독자분이 근무하는 감사기구가 감사를 새롭게 '혁신'해 보려 합니다. 이는 '우리 감사기구가 감사 절차 전반에 걸쳐 총체적으로 감사품질을 높여 보려 한다'고 달리 표현할 수 있습니다. 저희 필자들이 '프로세스'라는 관점에서 짚어드린 공공감사의 쟁점과 요목들은 결국은 '감사품질' 얘기였습니다. 감사의 혁신과 감사품질을 고민하는 분들이 분명 아이디어를 얻으실 수 있을 것입니다.

여기에 덧붙여 저희는 '총체적 감사품질 관리'의 기준으로 '판단기준'과 '품질기준'이라는 두 가지 관점 내지는 렌즈를 제시해 봅니다. 〈그림 5-3〉에서 보듯, 감사의 결론이 '판단기준'에 맞느냐, 감사 프로세스가 '품질기준'에 맞느냐는 것입니다. 도식적인 구분이긴 합니다만, 독자분들이 감사의 혁신과 품질

〈그림 5-3〉 '총체적 품질'의 개념 구성

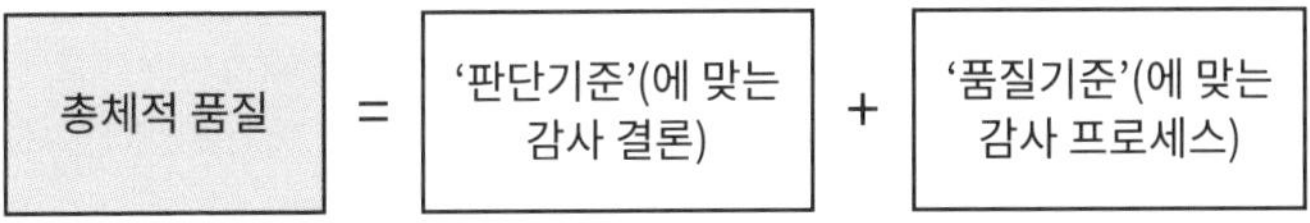

| 총체적 품질 | = | '판단기준'(에 맞는 감사 결론) | + | '품질기준'(에 맞는 감사 프로세스) |

을 총체적으로 고민할 때 도움이 될 수 있는 개념 구성입니다. 두 기준(판단기준/품질기준)이 서로 명확하게 구분되거나 전혀 다른 개념이라고 할 수도 없지만, 독자분들에게 '생각의 틀 내지는 도구'가 되기를 기대해 봅니다.

● 먼저 '판단기준'은 '감사(보고서)의 결론이 합리적이고 안과 밖의 비판을 견뎌낼 수 있느냐'는 물음입니다. 이에 관해서는 법규, 기준, 이론, 선례 등에 관한 깊은 논의가 필요할 터이고, 그만큼 중요한 이슈입니다. 하지만 저희 필자들은 이 책이 '생각의 틀 내지는 도구'를 드리려는 실험적 책이라는 핑계로 이 부분을 피해가고자 합니다.

다만 그동안 문헌들에서 논의되었던 다양한 기준들 가운데 ① 합법성, ② 민주성, ③ 능률성, ④ 형평성, 이렇게 네 가지를 핵심적인 판단기준으로 짚어두고 싶습니다.*

● '품질기준'은 '감사 프로세스 (달리 말해 감사운영) 전반이 감사기구에 요구되는 역할과 수준에 부합하느냐'는 물음입니다. 이 역시 많은 논의가 필요하겠지만, 이 책이 '생각의 틀 내지는 도구'를 제안하는 실험적 책이라는 핑계로 '단도직입적인

---

* 유희상 전 감사원 감사위원의 박사학위 논문 『행정이념과 감사원의 역할에 대한 연구 : 감사결과보고서 분석을 중심으로』(고려대학교 대학원, 2020)에서 아이디어를 얻었습니다.

<표 5-2> 감사 프로세스별 핵심 품질기준

감사 프로세스	핵심 품질기준
❶ 감사계획 수립 및 감사사항 선정	▷ 대표성 : 감사 대상 선정과 표본추출에 대표성이 있는가? ▷ 적시성 : 감사에 적정한 시점인가?
❷ 감사설계·준비	▷ 중요성 : 중요한 논점부터 포함하고 있는가? ▷ 가치 : 감사의 비용과 편익이 비교형량 되었는가?
❸ 현장감사 실시	▷ 객관성 : 자료검토, 증거채택 등이 객관적인가? ▷ 권익보호 : 피감사인의 권익을 인식하고 보장하고 있는가?
❹ 감사결과 보고 및 처리	▷ 충실성 : 보고와 보고서가 독자에게 충실한가? 감사의 과정, 판단근거, 결과와 한계 등을 포함하여 충실한가? ▷ 명확성 : 보고와 보고서가 독자에게 명확한가?
❺ 사후관리	▷ 개방성 : 외부의 비판을 수용하고 개선하는 프로세스와 문화가 있는가?

결론'만 적어보겠습니다. 감사 프로세스별 품질기준으로 핵심이 되는 것을 압축하면 〈표 5-2〉와 같습니다.

저희의 제안 내지는 '주장'을 〈그림 5-4〉와 같이 요약해 보았습니다. 감사보고서의 결론이 합리적이면서 비판을 견뎌낼 수 있을 것('판단기준')을 감사 운영의 축·동력·

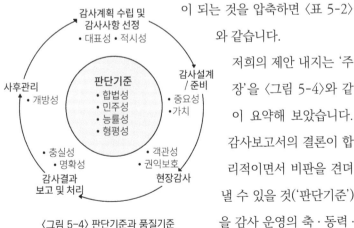

〈그림 5-4〉 판단기준과 품질기준

핵심목표로 두고서, 감사계획 수립에서 사후관리에 이르는 일련의 프로세스를 일정 수준·요건('품질기준') 이상이 되도록 관리한다는 아이디어입니다.

7.3. 총체적 감사품질 관리를 위한 모델

'총체적 감사품질 관리'는 저희 필자들이 '총체적 품질 관리'(TQM^Total Quality Management)라는 용어에서 빌려온 것입니다. 보다 직접적으로는 1990년대 초 미국 감사원(GAO^General Accountability Office)이 도입했던 감사품질 관리제도에서 빌려온 것입니다.* GAO는 당시 민간기업에서 유행했던 TQM 운동을 도입하여 1991년 4월 원장이 직접 주재하는 '품질협의회 Quality Council'를 설치하고 동년 11월에 '품질개선계획Quality Improvement Plan'을 수립하는 등 기관 전체 차원의 품질관리를 본격적으로 실시하였습니다. 당시 도입했던 핵심 개념과 기준들은 지금도 GAO 운영의 근간이 되고 있습니다.

특히 1994년 『감사품질에 관한 기준Dimensions of Quality』이 개발되었는데, 이를 통해 품질의 개념을 명확하게 하고 구성원

---

* 이하 관련 내용은 한국 감사원이 2005년 12월 발간한 『미국 감사원(GAO)의 감사 운영 분석보고서』를 발췌·요약한 것입니다.

들이 논의할 수 있는 의사소통 수단이 형성되었다고 평가받습니다. GAO의 감사품질에 관한 7가지 기준을 요약하면 다음과 같습니다. 차근차근 음미해 보시길 바랍니다. 그럴만한 가치가 충분합니다.

① **정확성**(Accuracy)
— 검토·결론의 근거가 된 정보는 사실적·논리적·수리적으로 정확해야 함
— 정확성 확보를 위해 적합한 감사반 구성, 보고서 초안에 대한 리뷰, 전문가 자문 등 필요

② **객관성/공정성**(Objectivity/Fairness)
— 관련 이슈의 모든 측면을 고려해야 함. 사실관계가 지지되는지 독립적으로 확인하여야 함. 사실관계, 다른 견해, 그리고 그 중요성을 공정하고 정확하게 제시하여야 함. 가정 및 분석기법을 달리함에 따라 결론이 어떻게 달라지는지 측정하여야 함
— 피감기관 등의 의견을 반영하여야 함
— 감사 보고를 통해 GAO의 감사가 전문적이고 편향되지 않으며 독립적이고 관련 이슈에 정통한 감사팀에 의해 수행되었음을 증명하여야 함

③ **엄밀성**(Contextual Sophistication)
— 분석이 유치하거나 피상적이어서는 안 됨. 관련사항에 대한 기술적, 핵심적 이슈에 정통해야 함. 보다 큰 맥락에서 현실적이고

합리적이어야 함. 권고사항은 혜택뿐 아니라 비용과 리스크도 함께 고려하여야 함. 정치적 환경을 인식하여 정확하고, 객관적이며, 비당파적 결과를 도출할 수 있어야 함

— 감사보고서에 대한 비판적 정밀조사가 있을 수 있음을 예상하고 어떤 비판도 이겨낼 수 있어야 함

④ **범위/완전성**(Scope/Completeness)

— 감사목적이 분명·타당하며 수행 가능해야 함

— 객관·명확하며, 고객 요구를 반영하는 감사 질문을 구성할 수 있어야 하며 감사 질문에 연계하여 감사 범위가 정해져야 함

— 정부 감사기준, 평가원칙, 경제·통계 분석기준 등 관련 전문기준을 준수하여야 함

— 시간 및 가용자원을 효율적으로 사용하여야 함

— 어떤 것을 다루고 어떤 것을 다루지 않았는지, 데이터 한계 등을 명확히 밝히고 결과를 과장하지 않아야 함

⑤ **중요성/가치**(Significance/Value)

— 감사를 통해 기여할 가능성이 가장 큰 사항들을 규명하여야 함

— 예상효과를 가져올 수 있는 실행 지향적이고 설득력 있는 권고사항을 개발하여야 함

⑥ **적시성**(Timeliness)

— 감사요청자 또는 정책결정자의 요구에 충분히 대응할 수 있는 시간적 여유를 두고 감사를 기획하여야 함

— 새로운 이슈에 대해서도 사전에 대비하여야 함

⑦ **명확성**(Clarity)

— 보고서는 명확·간결해야 하며, 난이도를 독자에 맞추고 그래픽
등을 효과적으로 사용하여야 함

— 진행 중인 감사결과를 보고할 때에는 적절한 한계를 밝혀야 함

위와 같은 GAO의 품질기준은 감사의 역할과 가치, 감사기
구의 책임에 대한 고민을 담고 있습니다. 묵직합니다.

저희 필자들이 욕심을 내 한 가지 더 말씀드리고 싶은 감사
품질에 관한 기준은 감사의 '비용–편익 모델'입니다. 감사의
'비용'과 '편익'이 무엇인지 고민하자는 것입니다. 간략하게 키
워드만 적어보겠습니다.

- **감사비용**[*]: 금전적(보이는) 비용 vs 非금전적(보이지 않는) 비용
  직접 비용 vs 간접 비용
  감사기구의 비용 vs 피감기관의 비용 vs 이해관계자의 비용
  즉시 비용 vs 미래 비용

- **감사편익** : 금전적(보이는) 편익 vs 非금전적(보이지 않는) 편익
  감사기구의 편익 vs 피감기관의 편익 vs 이해관계자의 편익
  즉시 편익 vs 미래 편익

---

[*] 실무적으로는 피감기관의 수감비용(시간, 경비, 업무부담 등), 감사로 인한
부작용(소극적 업무처리 등), 감사기구의 투입자원(감사 인력과 경비) 등을
우선 떠올려 볼 수 있겠습니다.

아마도 독자분들이 생각하지 못했던 항목이 한둘은 있을 겁니다. 그렇다면 저희 필자들로서는 '성공'입니다.

8. 요약 : '프로세스'는 운영과 개선을 위한 기본도구

5장에서는 감사 운영 내지는 진행 단계에 따른 여러 논점과 나아가 저희 필자들의 바람을 담아 보았습니다.

이 장을 마무리하면서 다시 '건강한 판단, 지식의 축적, 성숙한 인격'을 소환해 봅니다. 우리 감사기구의 감사 프로세스를 '건강한 판단, 지식의 축적, 성숙한 인격'이라는 거울에 비춰보아야겠습니다. '건강한 판단'을 위한 프로세스, '지식의 축적'을 위한 프로세스, '성숙한 인격'을 향한 프로세스인지 성찰하고, 방향과 방안을 세우고, 작은 개선부터 이뤄나가야 하겠습니다.

6

좋은 감사는
'관계' 속에서 발전한다

1. 감사기구의 '공간'과 '시간'

'사람, 프로세스, 관계'라는 공공감사의 3요소 가운데, 이번 장에서는 '관계'에 관하여 살펴봅니다.

'관계'란 무엇일까요?

● 감사기구는 외부의 이해관계자와 관계합니다. 외부의 요구에 대하여 때로는 수용하고 때로는 대응합니다. 피동적인 입장에서 수용·대응할 뿐만 아니라 외부에 영향을 주고 영향력을 키우려고 합니다. 이미지를 그려봅시다. 감사기구를 하나의 원으로 그려봅시다. 그러면 감사기구('안')가 바깥의 이해관계자('밖')와 주고받는 이미지를 그려볼 수 있겠습니다. 저희 필자들은 이를 '공간' 측면에서의 관계라고 부르고 싶습니다.

● 또한 감사기구는 자신의 현주소와 미래를 고민합니다. 감사의 지향점을 고민합니다. 예컨대 길동시 감사실이라고 하면, 감사실은 자신이 소속된 길동시가 지향하는 발전방향과 함께 감사실의 역할과 발전방향을 고민합니다. 그리고 환경변화에

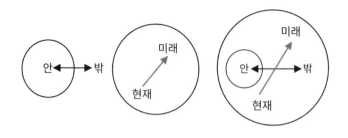

〈그림 6-1〉 감사기구의 '공간'과 '시간'

대응합니다. 이는 감사기구의 현재(현주소)를 진단하고 미래를 구상하는 것이기에 '시간'의 이미지를 그려볼 수 있겠습니다. 저희들은 이를 '시간' 측면에서의 관계라고 부르고 싶습니다.

감사기구가 공간 측면에서 바깥과 맺는 관계, 시간 측면에서 미래와 맺는 관계를 〈그림 6-1〉과 같이 표현할 수 있습니다.

√ '관계' 속에서 '리스크'를 보다

'관계'를 생각해 보자는 것은 '공간'과 '시간'의 측면에서, 달리 말해 공간과 시간이라는 렌즈로 우리 감사기구를 바라보자는 뜻입니다. 이는 실무적으로는 우리 감사기구의 리스크가 무엇인지를 공간(외부 이해관계자와의 관계 측면에서)과 시간(우리 감사기구의 현주소와 미래 측면에서)의 렌즈로 진단해 보자는 뜻입니다.

우리 감사기구가 '관계' 속에 있다고 생각하는 것은, 달리 표현하면 우리 감사기구의 위치를 '공간'과 '시간'이라는 렌즈로 바라보고 위치를 가늠해 보는 일입니다. 이는 우리 감사기구가 '가능성'을 열어두고 '변화'하고자 하는 것입니다. '지금'(시간) '이 자리'(공간)에 의문을 던지고, 만족하지 않고, 더 나은 모습을 그려보고 그 방향으로 나아가겠다는 것입니다. 실무적으로 표현하자면, 공간적·시간적 리스크에 대응하고 변화함으로써 리스크를 관리한다는 의미입니다.

앞장에서 다루었던 '프로세스'가 '품질관리'라면, 이번 장의 '관계'는 '리스크 관리'라 하겠습니다.

√ 잠시 이 책의 얼개를 되짚어봅니다

이 책의 2장을 잠시 되살려 봅시다. 2장에서 저희 필자들은 '이해관계자'를 통해 공공감사가 무엇인지 고민해 보자고 제안하였습니다. 여러 이해관계자 가운데 국민, 의회, 대상기관, 언론, 전문가그룹을 사례로 삼아 '감사기구와의 상호작용'을 살펴보았습니다.

예컨대 국민은 감사기구가 의식하는 눈, 잠재적 폭군, 판단의 원점이라는 '위치'에서, 감사기구가 감사수요에 반응하는 감사를 운영하고, 유용하고 객관적인 정보를 생산하고, 공공부문 관리를 개선하리라는 '기대'를 갖고 있다고 보았습니다. 그리고 이러한 위치와 기대, 감사기구가 '수용하고 대응'하는 전체적인 구도를 '상호작용'으로 보았습니다. 또한, 이러한 상호작용은 '위기risk'와 '기회opportunity'의 두 측면으로 분해해 볼 수 있다고 하였습니다.

읽기에 따라서는 2장은 결국 '이해관계자와의 관계'로 비칠 수도 있겠습니다. 사람, 프로세스, 관계라는 3요소 가운데 '관계' 얘기를 길게 쓴 거 아니냐는 의문이겠습니다. 저희 필자들의 자문자답自問自答 결과를 간추려 봅니다.

• 2장은 '이해관계자와 감사기구의 상호작용'이라는 프레임(위치-기대-반응, 위기-기회)으로 공공감사가 무엇인지, 좋은 감사가 무엇인지를 바라보자는 제안입니다.

• 3장 이후는 '사람, 프로세스, 관계'를 공공감사의 3요소로 보고, 그러한 프레임 내지는 렌즈로 공공감사가 무엇인지, 어떤 요소를 어떻게 보완할지를 고민해 보자는 제안입니다.

• 2장의 내용은 '관계', 그중에서도 '공간'의 문제로 볼 수 있습니다. 감사기구가 바깥의 이해관계자와 맺는 관계이기 때문입니다.

• 하지만 2장의 내용은 '시간'에 관한 얘기이기도 합니다. 이 해관계자들의 '위치'와 감사기구에 갖는 '기대', 이에 반응하는 또는 반응할 수 있는 감사기구의 모습(현주소·현재), 그리고 그 차이gap를 앞으로의 숙제로 인식하는 구도는 결국 '시간'(현재와 미래)에 관한 얘기이기 때문입니다.

• 또한 2장은 '사람'과 '프로세스'에 관한 다양한 논의를 담고 있습니다. '관계'(공간과 시간)에 국한되지 않습니다.

• 다시 정리하면, '2장'은 이해관계자라는 프레임으로, '3～6장'은 사람·프로세스·관계라는 프레임으로 공공감사를 바라볼 것을 각각 제안하고 있습니다. 서로 독립적인 프레임입니다.

2. 공간 : 감사기구의 안과 밖

다시 '관계'로 돌아와, '공간'에 대해 살펴보겠습니다. 감사기구의 공간적 바깥에는 어떤 기구, 어떤 사람들이 있을까요?

사고실험을 해보지요. 우리 감사기구의 공간적 위치를 가늠해 보자는 것입니다. 예컨대 경기도 감사실을 생각해 봅시다.

경기도 감사실은 ① 사업부서를 감사합니다. ② 감사원이나 중앙부처로부터 내부감사 기능을 잘 수행하고 있는지 감사를

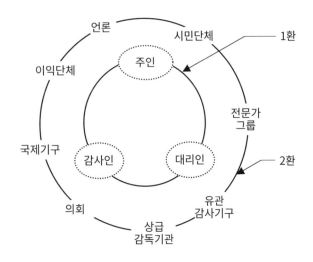

〈그림 6-2〉 대리인 모델의 확장, '2환 모델'

받습니다. ③ 때로는 경기도 관내 시·군 감사실에게 특정사안
에 대한 감사를 요구할 수도 있습니다. 그리고 경기도 감사실
의 이러한 활동을 지켜보는 의회, 언론, 시민단체, 전문가그룹
등 다양한 층위의 이해관계자들이 있습니다.

　이러한 경기도 감사실의 위치를 그려보기 위해, 이 책에서
자주 인용하는 '대리인 모델'을 불러와 봅시다.(〈그림 6-2〉) 대
리인 모델에서 경기도 감사실은 감사인 자리에 위치할 수도(앞
의 ①), 대리인 자리에 위치할 수도(②), 또 때로는 주인(③)의
자리에 위치할 수도 있습니다.

그런데 이 장에서는 경기도 감사실이 감사인(①)의 자리에 있는 경우로 한정하여, 외부와의 관계를 살펴보려 합니다. 물론 ②, ③의 자리에 있을 때의 외부관계도 중요합니다만, 이에 관해서는 독자분들이 2장을 통해 키워드를 여럿 찾을 수 있으리라 기대해 봅니다.

〈그림 6-2〉에서 1환의 '대리인'과 '주인'은 공간적으로 감사인(감사기구)의 바깥에 있습니다. 2환의 이해관계자들 역시 공간적으로 감사인 바깥에 있습니다. 요컨대 2환 모델은 감사기구의 외부가 어떻게 이루어져 있는지를 보여줍니다.

2.1. 1환 : 대리인, 주인과의 관계

그럼 감사기구와 외부의 관계 가운데 1환(주인-감사인-대리인)을 살펴봅시다.

첫째, 감사기구는 '대리인(대상기관)과의 관계'에서 어떤 점을 고민해야 할까요?

• 감사기구와 대상기관의 관계에 대해서는 2장에서 이미 그 프레임을 다룬 바 있습니다. 독자분들의 기억을 돕고자 결론 부분만 다시 가져오면 〈그림 6-3〉과 같습니다.

• 위 프레임을 대상기관, 즉 감사를 받는 쪽에서 보면, '수감부담', '공정하고 이행 가능한 감사결과', '감사기구와의 소통'

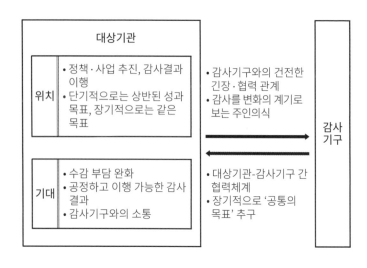

대상기관		
위치	• 정책·사업 추진, 감사결과 이행 • 단기적으로는 상반된 성과 목표, 장기적으로는 같은 목표	• 감사기구와의 건전한 긴장·협력 관계 • 감사를 변화의 계기로 보는 주인의식
기대	• 수감 부담 완화 • 공정하고 이행 가능한 감사결과 • 감사기구와의 소통	• 대상기관-감사기구 간 협력체계 • 장기적으로 '공통의 목표' 추구

감사
기구

〈그림 6-3〉 대상기관과 감사기구의 상호작용

등과 같은 주요 이슈들이 떠오를 것입니다. 그렇습니다. 감사기구가 '피감기관 입장'에서, '적극적으로', '입장을 바꿔서' 생각해 본다면 리스크 요인들이 떠오를 것입니다.

• 또한 5장에서 '프로세스'를 다루면서 감사기구가 '감사품질'을 확보하고 높이기 위해서는 어떤 고민을 해야 하는지를 자세히 살펴보았습니다. 예컨대 저희 필자들은 이런 취지로 말씀을 드렸습니다. "감사품질은 감사보고서의 품질만을 의미하지 않는다, 감사사항 선정이 의미 있고 대표성이 있어야 한다, 감사설계·준비를 통해 감사비용과 감사편익을 고민해야 한다,

현장감사 과정에서 피감사자의 인격과 권익이 존중되어야 한다, 감사를 하는 '사람'도 중요하다, 이해관계자들의 입장과 맥락이 담겨야 한다…."

• 이러한 고민을 '피감기관 입장에서' 다시 본다면, 여러 이슈들이 떠오를 것입니다. 자연스럽게 수감 부담, 감사비용과 편익, 감사관들의 편의적인 감사행태, 권한 남용, 시대에 뒤떨어진 감사방식, 감사의 오류, 피감기관 소명에 대한 처리의 진지성 등이 문제로 떠오를 것입니다. 우리 감사기구가 부족한 점들이 보일 것입니다. 그것이 바로 리스크 요인이겠지요.

둘째, '주인과의 관계'에 있어서는 어떤 점을 고민해야 할까요? 지금 저희가 전제하고 있는 '대리인 모델'의 주인 자리에는 '국민', '의회', '언론', '시민단체', '전문가그룹' 등이 모두 결국은 주권자이기에 올 수 있습니다. 하지만 여기서 저희 필자들은 '감사결과를 보고받는 자'로 좁혀서 살펴보고자 합니다. (이 콘셉트 역시 2장에서 다룬 바 있습니다. 〈그림 6-4〉 참조.)

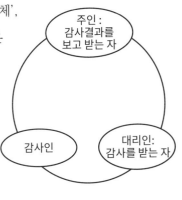

〈그림 6-4〉 감사인 입장에서 주인과 대리인

요컨대 감사기구는 '감사결과를 보고받는 자'(주인)와의 관계에서 어떤 고민을 해야 할까요? 무엇을 감사기구의 숙제로 인식해야 할까요?

- 5장에서 저희 필자들은 객관적인 위치에서 대리인('감사를 받는 자')의 업무를 살펴보고 주인에게 유익한 정보를 만들어내는 것이 공공감사의 기본적인 역할임을 거듭 말씀드렸습니다. 그러한 맥락에서 '감사의 품질'을 강조하였습니다.

- 감사기구는 '주인 입장에서' 좋은 감사가 무엇인지, '감사의 품질'을 고민해야 합니다. 그러면 감사가 적시에 이루어졌는지, 감사를 통해 문제와 대안을 실질적으로 파악하였는지, 감사보고서가 유용한 정보를 담고 있는지… 등이 문제로 떠오를 것입니다. 독자분들이 5장의 감사품질에 관한 내용을 '주인'의 눈높이에서 다시 봐 주시길 기대해 봅니다.

2.2. 2환 : 이해관계자와의 관계

다음으로 2환(이해관계자 환)을 봅시다.

'이해관계자'는 2장의 주제였습니다. 그런데 2장에서 저희 필자들은 이해관계자, 예컨대 의회와 좋은 관계를 맺기 위한 구체적인 '방안'에 집중하지는 않았습니다. 사실 저희의 주된 관심사도 아니었습니다. 예컨대 의회는 우리 감사기구에 어떤 한 존재냐, 의회는 우리 감사기구에 무엇을 기대하느냐, 그렇다면 우리의 감사 운영은 어떠해야 하느냐는 '물음을 던지고 답을 찾아보는' 일종의 '프레임'을 제시해 보려고 했습니다.

독자 여러분이 서 있는 위치에서, 독자 여러분이 소속된 감사기구의 입장에서, 오늘 현재 숙제로 안고 있는 이슈 앞에서 그에 걸맞은 이해관계자들을 추려내고, 그들이 어떤 의미를 지닌 존재인지를 설정하고, 그들이 지금 우리 감사기구에 기대하는 바가 무엇인지를 식별함으로써, 그것을 토대로 구체적인 방안과 우선순위를 뽑아낼 수 있다고 생각했기 때문입니다.

비록 저희 필자들이 이해관계자와 좋은 관계를 맺기 위한 구체적이고 실용적인 방안을 일일이 제시하지는 못하지만(않지만), 앞서 2장에서 제시한 프레임을 여러분의 실무에 적용하는 과정 내지는 프로세스는 말씀드릴 수 있습니다. 대략 다음과 같습니다.

• 우리 감사기구 입장에서 2환에 위치할 이해관계자들은 의회, 시민단체, 전문가그룹, 이익집단, 일반 국민, 언론, 그리고 관련 행정기관에 이르기까지 다양합니다. 이렇게 우리 감사기구를 둘러싸고 있는 이해관계자들은 때로는 특정 이슈에 대하여 '직접적으로' 요구를 하고 '신호'를 보내옵니다. 또 때로는 '간접적으로' 우리 감사기구의 역할, 일하는 방식에 대하여 문제를 제기해 옵니다.

• 우리 감사기구는 이러한 직간접적인 신호를 인지할 수 있는 체계(능력)와 프로세스를 갖추고 있어야 합니다. 우선, 이를 갖췄는지 살펴보아야 하겠지요. 외부의 요구를 수용할 것이냐, 거부할 것이냐는 그다음 문제입니다. 이러한 맥락에서 우리 감사관들이 얼마나 개방적인 태도와 분위기를 가지고 있느냐, 감사관들이 개방적일 수 있는 전제조건, 예컨대 적절한 책임이 주어져 있느냐… 등이 문제로 떠오를 것입니다.

• 외부 신호에서 이제 감사기구는 '리스크 요소'를 판별하여야 합니다. 대응할 것이냐(부정적 반응), 수용할 것이냐(긍정적 반응), 대응과 수용을 어떻게 조합할 것이냐, 대응·수용은 언제 할 것이냐, 바로 할 것이냐 시간을 두고 할 것이냐… 등이 문제로 떠오를 것입니다.

이처럼 이해관계자들의 직간접적 신호를 감지하고 그에 반응(대응과 수용)하는 프로세스를 '리스크 관리'에 방점을 두고 설명하는 것은 감사기구가 (결국은 국민인 다양한) 행정수요자의 요구에 따라 운영되어야 하기 때문입니다. 이해관계자의 신호를 놓치는 것, 그 자체가 리스크입니다. 그리고 그 신호에 제대로 반응하지 못하는 것 역시 리스크입니다.

그런데 신호가 모두 리스크인 것만은 아닙니다. 신호 가운데는 '기회'도 있습니다. 신호를 어떻게 감지하고 어떻게 반응하느냐에 따라 리스크가 되기도 하고 기회가 되기도 합니다.

이해관계자와의 관계가 꼭 피동적인 것만은 아닙니다. 우리 감사기구가 이해관계자에게 어떻게 신호를 보낼 것이냐, 우리 감사기구의 영향력을 어떻게 확인하고 활용할 것이냐, 또 영향력을 어떻게 넓혀나갈 것이냐와 같은 능동적 측면도 있습니다. 피동과 능동이 함께 하는, 쌍방향의 주고받음이겠지요.

3. 시간 : 감사기구의 현재와 미래

감사기구는 감사기구의 '현주소(현재)'를 수시로 돌아보아야 합니다. 현주소란 무엇일까요? 우리 감사기구를 '걱정'하는, 지금보다 더 발전해야 한다는 관점에서 생각해 봅시다. 그 경우 우리 감사기구의 현주소는 ① 과거부터 누적된 문제점, ② 현재의 숙제와 위기, 그리고 ③ 미래의 비전에 비춰 부족한 부분 gap 등으로 이루어질 것입니다.

3.1. 현주소 진단의 기본도구, SWOT 모델

우리 감사기구의 현주소를 살펴보고자 할 때, 우선 'SWOT

		강점 Strength	약점 Weakness
외부환경 요인	기회 Opportunities	**SO** 내부 강점과 외부 기회 요인을 극대화	**WO** 외부 기회를 이용 하여 내부 약점을 강점으로 전환
	위협 Threats	**ST** 외부 위협을 최소화하기 위해 내부 강점을 극대화	**WT** 내부 약점과 외부 위협을 최소화

〈그림 6-5〉 SWOT 모델

분석 모델'을 참조할 수 있습니다. 강점Strength, 약점Weakness, 기회Opportunities, 위협Threats이라는 4가지 상황과 요인을 키워드로 쓸 수 있습니다. SWOT 분석에는 여러 변형이 있습니다만, 〈그림 6-5〉가 대표적인 형태라 하겠습니다.

직관적인 모델이라 바로 이해할 수 있겠습니다만, 조금 설명을 붙여 보겠습니다. 먼저 우리 감사기구의 S, W, O, T를 적어봅니다. 그리고 예컨대 S와 O가 교차하는 영역에서 어떤 전략·방안을 써야겠는지를 적어보는 것입니다. S와 O가 교차하는 영역에서는 우리 감사기구의 강점과 외부로부터의 기회를 살릴 수 있는 전략·방안을 찾아야겠지요.

이러한 유형의 분석을 할 때 고려할 점이 한 가지 있습니다.

'가외성'(redundancy, 리던던시) 개념입니다. 이는 조직과 인력 운용에 약간의 여유가 있어야 한다, 약간의 여유가 '있어야 한다는 점을 인식해야 한다'는 의미입니다.

예컨대 SWOT 분석에서 우리 감사기구의 어떤 관행 내지는 업무방식이 약점(W)으로 드러났습니다. 당연히 앞으로의 전략·방안은 이를 없애는 방향으로 나올 것입니다. 그런데 실무에서 대부분의 경우 그러한 관행 내지는 업무방식은 이유와 맥락이 있습니다. 완전히 없애거나 완전히 새로운 업무방식으로 대체하려 한다면, 그러한 의사결정을 내리려고 한다면 몇 곱절 신중해야 합니다. 당장은 비효율적으로 보일지라도, 약간의 여유를 남겨둘 필요가 있습니다. 때로는 그러한 여유가 예기치 못한 사태에 대비할 수 있게끔 합니다. 그것이 바로 가외성 개념입니다.

3.2. 주요 기능별 분석 방법, Matrix 모델

SWOT는 일종의 매트릭스 모델입니다. 가로축(S-W)과 세로축(O-T)을 교차시켜 매트릭스를 만드는 것이었습니다. 이와 같은 매트릭스 모델은 현실을 분석하고 대안을 만드는 데 유용합니다. 누구나 매트릭스의 '가로축'과 '세로축', 그리고 '교차하는 칸cell'을 채우면서 자기 생각을 간추릴 수 있습니다. 매트

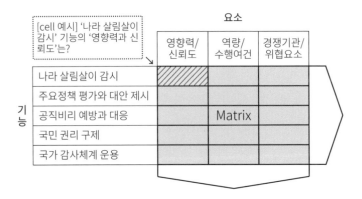

〈그림 6-6〉'기능'과 '요소'의 매트릭스

릭스의 두 축에 적절한 개념 그룹이나 요소를 배치하여 유용한 분석을 할 수 있습니다.

저희 필자들도 감사기구의 현주소를 진단하고 미래전략을 수립하는 매트릭스 모델을 한가지 제시해 봅니다.

〈그림 6-6〉은 감사기구의 '기능'을 의미 단위로 그룹핑하고 '요소'별로 분석하는 프레임입니다. 감사원의 사례에 대하여 가상의 분석을 해 본 것입니다. '세로축'을 보시면 감사원의 기능을 '나라 살림살이 감시', '주요 정책 평가와 대안 제시' 등 5가지로 대분하고 있습니다. '가로축'은 그러한 기능을 분석하기 위한 요소로 감사원의 '영향력과 신뢰도', 감사원의 '역량과 수행여건', 감사원이 직면한 '경쟁기관과 위협요소'라는 3가지

를 꼽고 있습니다. 이와 같은 두 축이 교차하면서 예컨대 '나라 살림살이 감시'라는 기능의 '영향력과 신뢰도'를 묻는 칸cell이 생겨나는 것입니다.

이렇게 직관적인 매트릭스 모델을 좀 더 발전시켜 나간 것이 〈그림 6-7〉입니다. 종합해서 설명해보겠습니다.

• 아래 예시는 감사원이 수행하고 있는 '기능'을 ① '나라 살림살이 감시', ② '주요 정책 평가와 대안 제시' 등 5가지로 그룹핑하고

• 각 기능을 ⓐ '영향력과 신뢰도', ⓑ '역량과 수행여건', ⓒ '경쟁기관과 위협요소' 세 측면(분석의 '요소')에서 감사원의

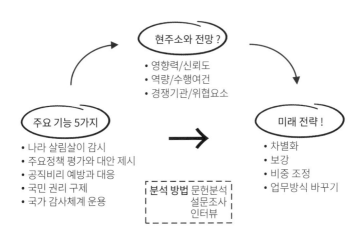

〈그림 6-7〉 현주소 진단과 미래 전략 수립을 위한 기능별 접근

현주소와 전망을 살펴봅니다.

- 이를 토대로 기능별로 '차별화', '보강', '비중 조정', '업무 방식 바꾸기'와 같은 미래전략을 모색합니다. 감사자원 배분의 우선순위를 재설정하는 것입니다.

- 아울러, '문헌분석', '설문조사', '인터뷰' 등을 분석 방법의 예로 고려하고 있습니다.

조금은 복잡해 보입니다만, 직관적인 매트릭스에서 출발한 모델입니다. 매트릭스의 두 축을 어떻게 개념 짓느냐, 다시 말해 어떻게 분석대상을 통찰하고(위 예시에서 '기능' 정의), 어떠한 문제의식을 가질 것이냐(위 예시에서 분석의 '요소' 정의)가 출발점이자 관건입니다.

4. 공공감사의 3요소와 지향점

다시 호흡을 골라봅니다. 3장부터 펼쳐온 '사람, 프로세스, 관계'라는 공공감사의 3요소 얘기를 마무리할 순간이 왔습니다.

결국은 '좋은 감사란 뭘까?'라는 고민이겠지요. 독자분이 감사기구에 몸담고 있다면 '우리 감사기구에 있어 좋은 감사는 뭘까? 어떻게 하면 좀 더 발전할 수 있을까? 어떻게 하면 좀 더 신뢰받고 전문성 있고 피감부서에 도움이 되는 감사를 할 수 있을까?' 같은 물음을 안고 계실 것입니다.

독자분이 감사기구 밖에 계신다면, 예컨대 얼마 전 감사를 받으면서 '감사가 이래서는 안 된다'는 생각을 품게 되었다면 역시나 '좋은 감사는 이래야 한다'는, 공공감사가 변해야 할 필요성, 나아가야 할 방향에 대한 생각과 궁금증을 안고 계신 셈입니다.

실무나 일상에서 접하는 공공감사는 참으로 다양합니다. 감사를 하는 기관만 하더라도 감사원, 중앙부처의 감사실, 광역자치단체의 감사실, 기초자치단체의 감사실, 공공기관의 감사실 등이 있습니다. 또한 '감사'라는 명칭·용어는 쓰지 않더라도, 자료요구·현장확인·점검 등과 같이 요구받는 쪽에서는 '감사로 느껴지는' 다양한 형태의 직간접적이고 실질적인 감독과 조사들이 있습니다. 그러한 권한을 행사하는 기관·부서들이 많습니다.

또한 감사기구가 처한 상황(인력·예산, 감사 여건)이나 안고 있는 숙제도 다릅니다. 예컨대 국가최고감사기구인 감사원과 기초자치단체인 길동시 감사실의 상황과 숙제가 같을 리 없습니다.

'감사원'의 좋은 감사와 '길동시 감사실'의 좋은 감사가 같을 수 없습니다. 예컨대 '행정의 비효율을 덜어내는 제도개선 감사'라는 캐치프레이즈를 생각해 봅시다. 멋집니다. 누구나 공감하겠다 싶습니다. '좋은 감사' 같습니다. 그러나 지금 길동시에서 횡령 사건이 터져 나오고 중견간부들의 '갑질' 사건이 연이어 불거지면서 여론의 뭇매를 맞고 있다면 어떨까요?

이러한 상황에서 '제도개선 감사', 예컨대 개개인의 실수나 부당행위보다는 이를 유발하는 잘못된 제도를 찾아내겠다, 제도개선에 주안점을 두고 관계법규를 개정하고 보완하는 데 주력하겠다는 메시지나 방향이 길동시 감사실에게 맞을까요? 이러한 상황에서는 일단 기강을 잡는 게 우선이어야겠지요. 다소 극단적인 가정이긴 했습니다만, 요점은 기관마다 상황마다 답은 다를 수밖에 없다는 것입니다.

다시 2환 모델을 불러와 봅니다.(〈그림 6-8〉) 이 모델을 통해 독자분들은 우리 감사기구에 맞는 '좋은 감사'가 어떤 감사인지 '질문을 구성'해 볼 수 있습니다. 독자분들이 이 모델에서 관점과 아이디어를 얻으시기를, 그것이 저희의 바람입니다.

• 우리 감사기구의 '사람'에 대해 생각해 봅시다, '프로세스'에 대해 생각해 봅시다, '관계'에 대해 생각해 봅시다. 강점과 약점이 보일 것입니다.

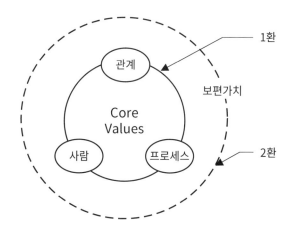

〈그림 6-8〉 공공감사의 3요소, '2환 모델'

● 우리 감사기구의 '핵심가치'에 대해 생각해 봅시다. 현시점의 우선순위를 생각해 봅시다. 그리고 그러한 핵심가치에 비추어 사람, 프로세스, 관계를 다시 생각해 봅시다.

● 그리고 (우리 감사기구가 잠정적으로 답으로 생각하는) 핵심가치와 사람, 프로세스, 관계가 '보편가치' 안에 있는지 거울에 비춰봅시다. 혹, 단기적인 응급처방이나 성과를 높인다는 강박증에 '기관 이기주의'에 빠지고 공공감사의 '근본 가치', '대원칙'(다시 말해 '객관적 · 독립적 감시자 역할', '적법한 감사 기능 행사', '피감기관 권익 보호' 등)이 가볍게 다뤄지고 있지는 않은가 거울에 비춰봅시다.

저희 필자들은 독자분들이 '2환 모델'을 감사기구의 현주소를 진단하고 미래를 생각하는 도구tool, 창문window, 프리즘prism, 필터filter로 삼아 보시길 기대하면서 잠시 숨을 골라봅니다.

5. 다시 '건강한 판단, 지식의 축적, 성숙한 인격'을 위하여

'사람, 프로세스, 관계'라는 공공감사의 3요소는 '건강한 판단, 지식의 축적, 성숙한 인격'이라는 감사기구의 지향점에 의해 감독되고 교정되어야 합니다.

예컨대 하나의 '프로세스'를 설계하고 도입한다면 이는 '건강한 판단, 지식의 축적, 성숙한 인격'을 위한 일이어야 합니다. 실무에서는 '규정이 규정을 낳는 경우'가 흔합니다. 규정이 지켜지도록 더 세세한 규정을 만들고, 지켜지는지 확인하기 위해 인력이 투입되고, 일이 또 일을 만들지요. 그러다 보면 어느 때부터는 규정을 지키기 위한 꼼수만 남는 씁쓸한 상황에 이릅니다. '평가'제도 쪽에 이런 경우가 많습니다. 감사부서의 직원이나 업무를 평가하는 것은 결국은 감사품질을 높이기 위한 것

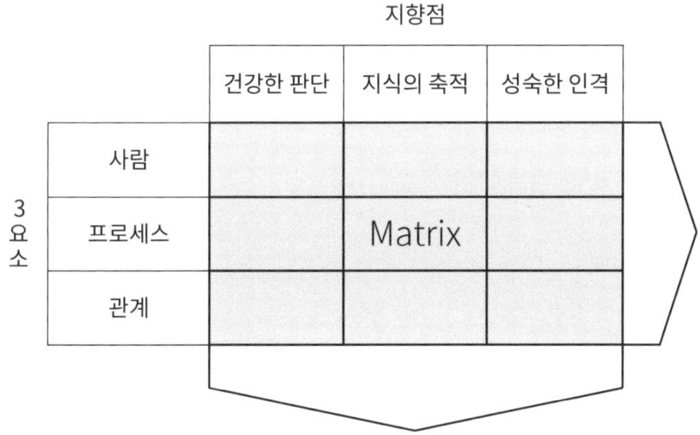

〈그림 6-9〉 매트릭스로 표현한 이 책의 얼개

이겠지요. 그런데 많은 감사기구의 경험에 비춰보면, 채점에서 높은 '점수'를 받으려는 꼼수와 이를 가려내기 위한 장치들이 얽힌 '복잡 세계'가 되어버리곤 했지요.

이래서는 안 되지요. 감사기구의 직원과 업무에 대한 평가라면 '건강한 판단, 지식의 축적, 성숙한 인격'을 향한 것이냐는 물음에 집중하면 될 일입니다. 거기서 벗어난다면 '버려야' 합니다. 요컨대 출발점, 애초의 문제의식을 놓쳐서는 안 됩니다. '건강한 판단, 지식의 축적, 성숙한 인격'이라는 감사기구의 지향점에 의해 감독되고 교정되어야 하는 것입니다.

또 다른 방향도 있습니다. 예컨대 '건강한 판단, 지식의 축적, 성숙한 인격'의 잣대로 우리 감사기구의 기존 프로세스, 제도와 관행을 살펴보는 것입니다. 그러면 보일 것입니다.

여기까지 오니, 다시 매트릭스가 떠오릅니다. 〈그림 6-9〉입니다. 이 책의 얼개이기도 합니다.

7

공공감사의
현재와 미래

1. 공공감사란 무엇이고 왜 필요한가?

이제 내용상 마지막 장입니다. 이 책은 저희 필자들이 토론하고 함께 공부했던 내용을 정리한 것입니다. 6장까지는 '좋은 감사'란 뭐냐는 질문을 던지고, 공공감사의 3요소(사람, 프로세스, 관계)와 지향점(건강한 판단, 지식의 축적, 성숙한 인격)이라는 키워드를 통해 오랜 기간 감사업무를 해온 저희 '당사자들'로서의 주장을 펼쳤습니다.

그런데 돌아보면, 출발점은 '좋은 감사'에 앞서 '감사'란 무엇이냐는 것이었습니다. 우리 사회에서 공공감사公共監查, public sector auditing의 역할과 정체성identity을 물었던 것이지요.

앞의 6장까지만 읽는다면 이 책은 일종의 '실용서'로 보일 수도 있습니다. 하지만 근본적인 출발점은 공공감사가 우리 사회와 정부에서 차지하는 고유한 역할이 무엇이냐는 것이었습니다. ① 정책·사업·행정에서 간단한 '정답'은 기대하기 어려운 복잡성, ② 수사·조사·검사·점검·감독·평가 등 여러 기능·제도들이 중첩되고 경쟁하는 현실, ③ 디지털시스템과 내부통제시스템으로 기본적인 오류가 걸러지는 환경변화 앞에서 저희 필자들은 일종의 '위기감'을 느꼈던 것입니다. 이 상황, 이 시대에 '감사'란 뭐냐는 것이지요.

물론 우리나라 『헌법』에 감사원이 규정되어 있고, 『감사원법』이 있습니다. 또 『공공감사에 관한 법률』이 있습니다. 중앙부처, 지방자치단체, 공공기관에 감사기구 내지 부서들이 있고, 관련 규정들이 있습니다. 그런데 기관·부서들의 명칭이 '감사'이기 때문에 그 기관·부서들이 하는 일이 곧 감사일까요? '감사원'이 하면 감사일까요? 길동시 '감사'실이 하면 감사일까요? 감사원'의 감사', 길동시'의 감사'라는 표현이 더 합당한 것 아닐까요? 거꾸로, 국가·정부 내에 '감사'라는 고유한 기능·역할·요구가 있고, 이를 수행하기 위해 기구·부서가 있어야 하는 것 아닐까요?

이런 물음이었습니다. 이 장은 이러한 고민과 토론의 결실입니다. 앞장들과는 조금 목소리가 다릅니다. 감사의 역할과 정체성, 현재와 미래를 묻고 있기 때문입니다.

저희 필자들은 공공감사가 우리가 지향하는 민주주의 정치, 정부, 국민, 다양한 이해관계자와 연관된다고 생각합니다. 정부, 그리고 정부 정책이 가지는 특성과 본질을 이해할 때 비로소 감사를 알게 됩니다. 이 이야기를 해보겠습니다.

2. 공공감사의 '정체성'

2.1. 정부와 국민의 관계, 그 복잡성

민주주의의 꽃은 '선거'라고 합니다. 우리는 선거를 통해 좋은 대표를 선출하는 일에 많은 관심을 기울입니다. 그러나 많은 국가의 정치사[*]는 압도적 지지를 받아 선출된 대표라도 국민의 기대에 부응하여 좋은 정부를 운영하는 것은 너무나 어려운 일임을 보여주고 있습니다. 좋은 정부가 왜 어려운지 정부와 국민의 관계가 복잡하고 어렵다는 얘기로 풀어보겠습니다.

정부와 국민은 이원화된 정태적 관계가 아니고 끊임없이 상호작용하고 변화하는 관계로 이해해야 합니다.

'민주주의 국가의 주인은 국민이므로 정부는 국민 뜻에 따라 일하고 서비스를 제공해야 한다'는 말은 누구나 공감할 정답 같습니다. 하지만 정부 역할과 국민과의 관계를 지나치게 단순화한 표현이며 정치적 수사에 불과합니다. 국민은 모든 부문에서 같은 목소리를 내는 동일한 사람들이 아닙니다. 너무나 많은 이해관계 속에서 처한 상황과 위치에 따라 다른 입장을 지니고 있으며, 자신이 속한 입장에 따라 의견이 달라집니다. 각자 처한 상황에 따라 정부에게 기대하는 역할과 서비스도 모두 달라집니다. 사실 열 길 물속은 알아도 한 길 사람 속은 모른다는 속담이 있을 만큼 타인을 알기는 어렵습니다. 나도 나를 모릅니다. 국민을 이해하고 안다는 것이 가능하기는 할까요?

이러한 상황에 대해 슘페터Joseph Alois Schumpeter는 심지어 한 사회에 살고 있는 모든 시민이 동의하는 공공이익이 존재한다는 것 자체를 거부하며 시민들이 공공이익에 합의하는 것은 불가능하다고 하였습니다.*

한편 사회가 복잡해지고 사회문제가 폭증하는 가운데 정부 예산도 지속적으로 증가하고 정부가 해결해야 할 일과 해결해주기를 기대하는 일은 수없이 많아졌습니다. 증가하는 쓰레기 문제에서부터 주택문제, 미세먼지, 소득 불평등, 인권침해, 집단 간 갈등 등 복잡해지는 사회 속에서 정부의 역할과 그에 대한 기대가 더욱 커지고 있습니다.

정부에 대한 국민의 기대는 그 나라의 정치행정문화와도 관련됩니다. 우리나라 국민은 고유한 역사과정과 정부주도 경제발전 등을 겪으면서 정부를 마치 부모처럼 생각하는 정치행정 문화를 형성하였다는 연구들이 있습니다.** 정부를 부모와 동

---

* Schumpeter, J., *Capitalism Socialism and Democracy* (1942), 한국어판 『자본주의 사회주의 민주주의』(변상진 옮김, 한길사, 2011)을 참고했습니다.
** 한배호 · 어수영, 『한국정치문화』(법문사, 1987), 사공영호, 『이익집단의 형성 및 분열요인과 정책과정』(한국정책학회보 13권 3호, 2004) 등입니다.

일시하는 경향이 강한 가부장적 행정문화 속에서 행정은 불신과 통제의 대상이기에 앞서 두려움과 의존의 대상이라는 것입니다. 우리나라 국민의 정부에 대한 순응compliance이 상대적으로 높다는 것을 고려한다면 일견 설득력이 있다고 판단됩니다.

한편으로는 행정을 불신과 통제의 대상으로 보는 시각도 늘어나고 있습니다. 복잡해지는 사회문제에 있어 정부의 시혜적 조치를 수동적으로 기대하는 것이 아니라 정부에게 의무로서 받아주기를 요구하는 움직임이 그렇습니다. 정부가 의무를 이행하고 있는지 (행정을 불신과 통제의 대상으로 보면서) 감시하고 행동을 요구하는 것이지요.

사회가 점점 더 복잡해지면서 정부 역할에 대한 기대가 커져가고 국민은 다양하며 각자 다른 이해관계에서 정부에 대한 각기 다른 기대를 하고 요구하고 있습니다. 이토록 복잡한 상황에서 정부가 주어진 사회문제에 대한 해결과 정답을 제시하는 것이 어떻게 간단하고 쉬운 과정이겠습니까?

2.2. 정책의 목표와 한계, '오차'

정부는 정책을 추진하면서 정책이 제대로 실현되면 효과가 있을 것이라고 홍보하고 기대하지만, 사실은 그 결과를 확인하기 전에 추진하는 것입니다. 그런 측면에서 모든 정부 정책은 일종의 '가설hypothesis'입니다.*

모든 정책은 예방 가능한 실수나 실패를 줄이려고 노력하고 다양한 상황을 충분히 예측하더라도 오차error, 즉 바람직하지 못한 결과가 나타나는 구조입니다. 여기서 오차란 참값과 근삿값의 차이, 즉 의도한 결과와 실제 결과의 갭gap을 뜻합니다. 가치 중립적인 개념입니다. 정답을 안다고 전제하지 않으므로 정답을 알고 있는데도 정답대로 행하지 못했을 때 생기는 과오fault, 실수mistake, 실패failure, 오류fallacy 등과 구분됩니다.**

√ 모든 정책은 오차를 안고 있고, 문제는 해결되는 것이 아니라 다른 문제로 대치된다

문제는 오늘날 정부 정책은 일단 추진되면 막대한 예산과 인력 등 자원이 투입되고 많은 사회 내 이해관계에 영향을 미쳐 돌이키기가 어렵다는 것입니다.

복잡한 사회체제에서 충분한 예측을 통해 입안한 정책이라

---

* Martin Landau, *The Place of Policy Analysis in the Political Science: Five Perspectives* (*American Journal of Political Science* Vol.21 No.2, 1977)에 나오는 이야기입니다.
** '오차'를 과오, 실수, 실패, 오류, 이런 시각으로 접근하는 것을 경계하는 것도 감사기구와 감사인의 중요한 과제입니다. 저희 필자들이 강조해 온 '건강한 판단'의 바탕입니다.

하더라도 예상하지 못한 결과나 부작용이 생기고, 오히려 상황이 악화될 수도 있습니다. 예컨대 정부는 집값을 안정화하고자 부동산 대책들을 마련하면서 주어진 상황을 고려하여 정책을 수립하고 집값 안정화를 달성할 것이라 기대하지만, 너무나도 이해관계가 복잡하고 규모가 큰 부동산 시장을 모두 예측할 수 없기에 번번이 실패하고 맙니다.

정책은 최선을 다하더라도 당초 목표를 달성할 수도 있고 그렇지 못할 수도 있습니다. 따라서 정부 정책을 통해 원하는 목표를 달성하고 좋은 결과를 낼 수 있다는 것은 정책이 누구에게 유리한지, 목표하는 것이 무엇인지, 그 결과는 어떻게 측정할 것인지, 좋은 결과의 판단기준은 무엇인지 구체화되어야 합니다. 이러한 구체화 과정을 통해 정부 정책과 사업은 절차의 정당성을 확보하는 것입니다.

이에 대해 정책학자 윌다브스키Aaron Wildavsky는 모든 정부 정책은 본질적으로 문제를 해결하는 것이 아니라 또 다른 문제로 승계·대치될 뿐이라고 합니다.* 정부 정책으로 복잡한 사회문제가 간단히 해결될 수 있다면 사회문제가 이렇게 증가하고 해결되지 않고 있는 상황은 발생할 수 없다는 것이지요.

---

* Aron Wildavsky, *Speaking Truth to Power: The Art and Craft of Policy Analysis* (1979)에 나오는 얘기입니다.

물론 사회적으로 너무나 큰 문제가 작은 문제로 대치되기도 하고 심각한 문제가 감당할 수 있는 수준으로 완화되기도 합니다. 어찌 보면 해결하기 어려운 사회문제를 해결 가능한 작은 단위의 문제로 쪼개고 쪼개는 것이 문제를 해결하는 과정이겠습니다.

이렇듯 정부 정책은 사회문제 해결도 쉽지 않고 일단 개입이 되면 문제를 해결하는 과정에서 각자 다른 이해관계를 가진 집단들 간의 비용과 편익이 엇갈리고 갈등을 유발할 가능성도 있습니다. 모든 국민에게 만족을 주는 정부 정책이란 참으로 어렵고 그리 많지 않다는 것입니다.

2.3. 정책과 사업의 지속적 수정 필요성

정책 오차error란 정책이 내재하고 있는 이론적인 잠재적 가능성입니다. 하지만 현실에서는 예상할 수 있는 실수mistake였는지, 정책 실패failure인지, 정책담당자의 과오fault인지 구별하기 어려울 때가 많습니다.

그렇다면 정책 추진과정에서 예상할 수 있는 다양한 실수, 실패와 잠재된 정책 오차를 줄이는 방법은 무엇일까요?

김영평 교수는 정책을 결정하는 정부의 실질적인 합리성을 높여야 한다고 합니다. 실질적인 합리성이란 정책 실패, 오류,

과오 등은 물론 정책이 잠재적으로 가지고 있는 오차를 최대한 줄여 정책의 그럴듯함plausibility을 높일 때 제고될 수 있다는 것입니다.*

오차를 줄이기 위해서 정부 정책과 사업은 지속적인 오차의 수정이 필요합니다. 이러한 오차의 수정이 일회성으로 그치는 것이 아니라 시스템을 통해 지속적으로 이루어질 수 있도록 제도가 갖추어져야 하고 이러한 지속적 오차의 수정을 통해 '그럴듯함'에 나아가려는 노력, 실질적 합리성을 제고하려는 과정이 좋은 정부의 근간이라고 하겠습니다.

2.4. 투명성과 절차적 정당성 요구

앞서 살펴본 것처럼, 정부 정책은 다양한 이해관계 속 국민에게 중요한 영향을 미치고 있고, 사회는 복잡해져 가면서 사회문제는 정부가 해결하기 어려운 상태로 쌓여가고 있습니다. 반면에 정부에 대한 국민의 기대는 커져만 가는 상황입니다. 국민의 높은 기대감은 정부에 대한 실망으로 연결되어 불신의 원인이 되기도 합니다. 또한 정부 정책은 일단 추진되고 나면

---

* 김영평, 『불확실성과 정책의 정당성』(고려대학교출판부, 1995)에서 따온 것입니다.

투입예산이 크고 위험이 따릅니다.

이러한 복잡하고 어려운 상황일수록 정부가 제대로 역할과 기능을 하기 위해서는 그리고 국민의 높은 기대가 정부 불신으로 이어지지 않기 위해서는 정부가 하는 정책과 사업에 대한 절차적 정당성을 확보하는 것이 중요합니다. 비록 정답에 실패하더라도, 해결하지 못하더라도 지속적인 수정을 통해 오차를 줄여나가는 것이 정부 내 제도로서 확보되어야 합니다. 이러한 정부 내 제도들이 국민에게 신뢰를 주는 장치입니다.

좋은 정부가 되기 위한 필수적인 조건이 정책의 오차를 지속적으로 수정하기 위한 정부 내 제도와 장치임을 강조하는 이유는 바로 여기에 있습니다. 민주주의는 선출된 정부가 좋은 정부가 될 때 더욱 정당성을 확보하게 됩니다. 실패하고 무능한 정부로 국민 실망이 증폭되면 국가 자체도 유지되기가 어렵습니다. 2차 세계대전 이후 많은 신생 독립국가들의 민주화 과정에서 확인되어온 사실이지요.

따라서 국민의 기대감이 클수록, 환경이 불확실할수록 정부가 하는 일은 투명하고 공정한 절차적 정당성이 더욱 요구됩니다. 정부가 하는 일의 투명하고 공정한 절차적 정당성을 위해 감사監査는 필수적인 기능입니다. 감사가 정부 내에서 구체적으로 절차적 정당성을 확보할 수 있는지는 다음 항에서 논의하기로 합니다.

3. 관료제와 감사

3.1. 전통적 관료제의 역할과 기능

일반적으로 관료제는 크게 두 가지 의미로 사용됩니다.

● 하나는 전통적 의미의 관료제로, 막스 베버Max Weber가 이 야기하는 대규모 조직형태와 조직원리를 지칭합니다. 분업, 위계적 감독, 세분화된 규칙 등을 특징으로 하지요.

● 다른 하나는 포괄적 의미로 정부와 동일시되기도 하고 행정부 내 정부기관을 의미하기도 합니다.

막스 베버의 전통적 관료제는 전문가들이 분업으로 업무를 담당하고 조직은 계층제에 따라 피라미드식으로 구성됩니다. 조직 내 업무처리는 법과 규칙, 명령을 통해서 운영되며 담당자의 자의적 처리를 최대한 통제합니다. 즉 정부의 업무는 대상이 누구냐에 따라 달라지지 않고 객관적 기준을 전제로 하는 몰인격성impersonality을 중시합니다.

전통적 관료제는 분업과 계층제 조직으로 효율적으로 운영된다는 장점이 있지만 새로운 사회문제를 적극적·자발적으로 해결하려는 유인이 약하고 문제가 생기면 책임을 회피하고 실패한 업무에 대한 학습능력이 부족하다는 약점이 지적되어 왔습니다. 또한 하위부서의 전문성보다도 계층적 권위를 강조하고 조직 전체의 집합적 목표성취를 앞세웁니다. 하위부서의 활동은 상위목표에 비추어서 의미를 갖게 되고 부분은 전체와의 관련 속에서만 의의를 찾게 되어 구성원들은 '도구적 수단'으로 기능하게 되지요.

관료제 내에서 구성원들이 도구적 수단으로 기능하면서, 관료제의 행동유형을 바꾸기 위하여 적극적 유인을 제공하기보다는 엄격한 규범과 기준을 지키도록 하고 소극적 유인인 '위협과 처벌'을 주요 수단으로 사용하게 됩니다.

3.2. 우리 관료제의 역사적 공과

그렇다면 전통적 관료제의 장단점은 우리 정부와 사회에 어떤 영향을 미쳤을까요?

우리나라는 비교적 빠르게 관료제가 정착되어 우리 사회에 많은 긍정적인 변화를 가져왔습니다. 분업을 통한 전문화와 계층제 조직은 정부를 효율적으로 운영하는 원리로 작동하였고, 법령에 의한 행정은 공무원 개인이 처한 상황과 배경 등과 관계없이 객관적인 기준으로 업무를 하도록 하였습니다. 우리나라의 빠른 경제성장과 사회발전에 정부 중심의 효율적인 행정 운영이 중요한 역할을 하였다고 평가받아 왔지요.

그럼에도 우리 사회에서 관료제는 다소 부정적인 의미로 사용되어 왔습니다. 우리나라 관료제가 그간의 성과에도 불구하고 부정적으로 인식되고 비난받는 이유는 무엇일까요?

대체적인 평가는 이렇습니다. 단기간에 걸친 경제발전 과정에서 다양한 부작용들이 간과되었다, 즉 집단 내 이해관계의 조정과 미래에 대한 예측 없이 목표달성에만 치우쳤다, 빠른 경제성장의 혜택이 사회 내 골고루 돌아가지 못하였다는 것 등입니다.

단기간에 산업화와 경제발전에는 성공하였으나 그 과정을 정부가 주도적으로 수행하면서 정부가 모든 사회문제를 해결할 수 있는 것으로 잘못 인식되게 되었습니다. 국민은 정부에 의지하고 기대하지만, 그 기대를 충족시킬 수 없을 때나 결과가 잘못되었을 때 대부분 원인을 정부 탓으로 돌리는 악순환이 되풀이되고 있기도 합니다.

가부장적 행정문화는 정부에 대한 불신을 높이지만 그럼에도 정부에 대한 의존도를 높입니다. 도로에 교통이 정체되어도 정부가 관리를 제대로 하지 않아서, 날씨 예측이 조금 틀려도 기상제도가 제대로 되지 않아서, 증시에서 개인이 손실을 입어도 주식제도가 개인에게 불리하게 되어 있어서 등 모든 영역,

소소한 일까지 모두 정부의 책임이 됩니다. 정부에 대한 낮은 신뢰는 우리 사회 전체의 불신을 높이는 원인이 됩니다.

이렇듯 한국 관료제의 역사적 공과에 대해서는 논란이 있습니다. 중요한 것은 전통적 관료제가 앞으로 다가올 미래사회 문제를 해결하는 데 적합한 능력을 갖추고 있느냐는 것입니다. 복잡하고 불확실성이 큰 미래사회 문제들에 대하여 정부 역할은 무엇이고, 어떻게 해야 정부가 보다 합리적으로 기능할 것인가에 대한 지속적 논의가 필요합니다.

3.3. 전통적 관료제와 공공감사

우리나라 최고감사기구인 감사원은 1963년 종전의 심계원審計院과 감찰위원회監察委員會가 통합되어 설립되었습니다. 감사원을 정점으로 공공부문의 감사체계가 자리를 잡아가기 시작한 것입니다.

당시는 군사정부로 출범한 제3공화국이 경제개발과 성장을 추구하던 시기였습니다. 정부주도의 경제발전과 성장, 그리고 정치적 정당성이 필요한 상황에서 '공공부문의 부패'는 일소해야 할 과제였습니다. 법규를 지키고 부패하지 않도록 하는 것, 그것이 감사의 첫 번째 역할이었습니다.

적법성을 강조하는 감사 기능은 공직자들이 정해진 법규에 따라 행정업무를 하도록 유도하는 역할을 합니다. 감사는 한국 관료제의 몰인격성을 강화시켜 규칙과 절차를 따르게 하고 연고와 특혜에 의한 행정을 제한하는 역할을 수행하였습니다. 공직자들의 부패를 예방하고 법규에 의한 행정을 강화하는 긍정적 역할을 했다고 하겠습니다.

20세기 말 다수의 신생민주주의 국가들이 국가형성nation-building 과정에서 민주주의를 정착시키려고 노력하였으나 성공적으로 평가받는 국가는 일부에 불과합니다.

그 원인 중 하나는 권력 집단의 부정과 부패가 구조적으로 심화되는 것을 막지 못한 데 있었습니다. 장수찬은 17개국 신생민주주의를 분석하고 신생민주주의의 사회적 함정은 엘리트 계급의 부패로부터 출발한다고 지적합니다. 엘리트 집단의 부패가 국가제도의 신뢰를 신장시키지 못하고 후퇴시키는 주요 원인이었습니다. 신생민주주의가 실질적 민주주의substantive democracy로 진화해가기보다는 '엘리트 집단의 부패—제도 신뢰의 하락—사회적 신뢰 하락—사적 공간으로의 후퇴—정치적 참여 하락'이라는 사회적 함정에 갇혀 있다는 것입니다.[*]

MIT의 경제학과 교수 대런 애쓰모글루Daron Acemoglu와 하

---

[*] 장수찬, 『신생민주주의의 사회적 함정: 엘리트 계급의 부패와 사회적 신뢰 구축의 실패』(세계지역연구논총 제26권 제3호, 2008)를 참조했습니다.

버드대학교의 정치학과 교수 제임스 로빈슨James A. Robinson
의 공저『국가는 왜 실패하는가』는 여러 역사적 사례를 토대로
실패한 국가와 성공한 국가를 가르는 결정적 차이가 무엇인지
를 논하는데, 그 주요 메시지는 이렇습니다.

한 국가가 번영하는 것은 사회의 광범위한 부분이 정치에 참
여하는 다원주의적 정치, 창조적 파괴를 통한 혁신과 진보, 개
인의 소유권을 인정하는 시장경제체제가 갖춰졌을 때 가능하
며 반대로 극소수의 엘리트가 부와 권력을 쥐는 착취적 제도를
가진 국가는 실패한다는 것입니다.[*]

이러한 맥락에서 전통적 관료제가 정착할 수 있도록 관료제
부패를 최대한 예방하고 법규 중심의 행정운영을 지원한 전통
적 감사는 우리나라 역사과정에서 충분히 그 기능과 역할을 수
행했다고 하겠습니다.

3.4. 사회적 자산으로서의 '신뢰'

그런데 합규성 중심의 전통적인 감사는 많은 순기능을 하면
서도 관료제의 단점을 강화하고 정부 신뢰를 오히려 저하시키

---

[*] *Why Nations Fail: The Origins of Power, Prosperity, and Poverty*, 한국
어판『국가는 왜 실패하는가』(최완규 옮김, 시공사, 2012)를 참조했습니다.

는 부정적인 측면도 있었습니다. 법규와 절차에 대한 준수 여부를 강조하는 것은 공직자들이 소극적으로 업무를 하게 하는 원인이 되기도 합니다.

런던 정경대학London School of Economics의 파워Michael Power 교수는 합규성 중심 감사의 문제점으로 '신뢰받지 못한다'는 가정은 '신뢰받지 말아야 한다'는 행태behavior를 가져오게 된다고 강조합니다.*

감사와 불신distrust은 동전의 양면, 닭과 계란의 비유를 연상케 합니다. 사회 내 불신의 증가는 타인과의 협력을 통한 사회문제 해결을 어렵게 합니다. 불신이 커지면 이를 해소하기 위한 방법으로 정보 불확실성을 줄이기 위한 감독과 감시체제를 강화하게 됩니다. 그러나 이는 오히려 불신을 조장할 수 있습니다. 감사가 강해지면 신뢰가 회복되기보다는 불신을 전제로 한 감사에 대비하여 행정업무가 이루어지게 됩니다. 그 과정에서 행정비용은 증가하고 사회 내 불신이 증대되는 것입니다.

한번 형성된 불신은 해소하기가 매우 어렵습니다. 불신을 품고 있으면 기존의 불신을 확인시키고 강화할 수 있습니다.

전통적 감사는 공직자들의 부패를 예방하고 법규에 기초한 행정을 운영하도록 유도했습니다. 분명, 우리나라 정부 운영에

---

* Michael Power, *The Audit Explosion* (1994)에 나오는 이야기입니다.

긍정적인 기능을 하였습니다. 그러나 감사의 기본 관점이 불신을 전제로 한다면, 정부 내 행정비용을 증가시키고 한번 형성된 불신이 좀처럼 해소되지 못하는 요인으로 작용하게 됩니다.

이제 감사의 부작용을 줄이고 좋은 정부를 지원하기 위해 감사는 앞으로 어떤 기능과 역할을 해야 할 것인가, 그리고 좋은 감사와 좋은 정부란 무엇인가에 대한 논의가 필요합니다.

4. 감사와 정부혁신

4.1. 혁신이란 지속적으로 학습하고 오차를 수정하는 것

민주주의는 결과보다는 절차에 관한 제도라고 합니다. 현실에서 대부분의 민주주의 국가는 안정된 관료제를 바탕으로 합니다. 그렇다면 민주주의를 유지하는 데 중요한 관료제가 환경의 변화와 국민의 기대에 맞추어 좋은 정부의 근간이 되려면 어떻게 해야 할까요?

이론적으로 보자면, 좋은 정부는 '혁신하는 정부'입니다. 그런데 혁신은 그냥 주어지는 것이 아니라 혁신에 필요한 적정한 동기부여가 있어야 합니다. 문제는 관료제가 그 동인을 스스로 찾기 어려운 조직이라는 데 있습니다.

새로운 것을 시도하고 변화할 수 있는 조직이 되어야 합니다. 관료제의 장점은 목표가 변화하면 목표를 위해 노력하는 조직이라는 것입니다. 일견 상충되어 보이는 민주주의와 관료제가 상호 발전적으로 되기 위해서는 지속적인 학습과 스스로 오차를 수정하려는 노력을 통해 정부혁신이 이루어져야 합니다.

외부의 자극과 학습체제를 만들고 스스로 혁신하려는 내부체제를 발전시키는 것이 중요한 과제입니다. 여기서 감사의 존재의의를 찾을 수 있습니다. 감사는 정부에 다양한 새로운 정보를 제공하고 변화를 유도할 수 있는 정부 내 장치이자 제도라는 것이지요.

4.2. 공공감사의 변화 필요성

감사원 중심의 전통적 감사 기능은 관료제 내부의 부패 정도를 낮추고 법률과 규칙에 따라 업무를 하도록 하면서 근대적 관료제 형성에 긍정적 역할을 하였습니다.

사회가 복잡해지고 정부 예산과 규모도 커지면서 전통적 관료제와 함께 전통적인 감사 기능에 대한 비판도 증가하고 있습니다. 스스로 부패 정도가 과거보다 낮다고, 부패하지 않았다고 인식하는 공직자들에게 지적과 처벌 중심의 접근은 불만과 저항을 유발할 수밖에 없습니다.

파워 교수는 '감사폭증audit explosion', '감사만능사회'가 되면서 오히려 공직자들의 책임성이 저하되고 있다고 합니다. 감사가 오히려 불신을 조장하며 신뢰받지 못한다는 가정을 심어주어 신뢰받지 말아야 한다는 행태를 불러온다고도 합니다.[*]

20여 년간 영국 감사원장으로 재직한 존 번 경Sir John Bourn은 『공공감사: 성과감사의 역할과 방법론Public Sector Auditing—Is it value for money?』(2007, 한국어판 2024)이라는 책을 썼습니다. 공공감사에 관한 교과서라 할만한 책이지요. 한국어판 번역자들은 존 번 경의 메시지를 이렇게 전합니다.

- "이 책에서 존 번 경의 문제의식은 명료하다. 공공부문의 축은 관료제이다. 그런데 관료제는 내부지향적이어서 관료들은 조직의 '바깥'보다는 '안'쪽을 챙긴다. 규정과 절차가 우선이고, 그 규정과 절차는 책임을 회피하려는 방편이다. 또한 관료들은 리스크를 지지 않으려 하지만 때로는 무지ignorant하며, 그래서 용감하게도 실패와 손실을 빚어낸다."

- "그렇다면 어떻게 해야 하는가? 존 번 경은 결국 관료들이 책임 있고 자신 있게 판단을 내릴 수 있어야 한다고 강조한다."

- "존 번 경은 관료제를 변화시키는 데, 그리고 새로운 제도들이 자리 잡고 성과를 이루는 데 감사기구와 감사인의 역할이

[*] Michael Power, *The Audit Explosion* (1994)에 나오는 이야기입니다.

중요하며 바뀌어야 한다고 시종일관 강조한다. 비판자나 고발자critic and nark가 아니라 코치나 멘토coach and mentor를 지향해야 한다는 것이다."*

4.3. 공공감사가 나아갈 방향

미래사회에 경쟁력 있게 적응할 수 있는 정부는 어떤 역할과 기능을 해야 할까요? 정부가 제대로 기능하도록 감사는 어떻게 정부의 책무성을 확보하고 기능해야 할까요?

감사audit란 단어가 사용되는 의미가 다양하고 스펙트럼이 넓습니다. 감사는 확인하는 것, 검증하는 것(착오나 실수는 없는지, 정보가 정확한지)에서 문제를 찾아내는 것, 문제의 원인을 찾는 것, 문제가 위법한 것이라면 책임을 묻는 것까지 하나의 정의로 답하기 어렵습니다. 또한 감사의 기능도 위법 여부를 발견하는 것에서 기관과 함께 개선 대안을 찾는 컨설팅 기능까지 그 범위가 넓어 감사란 단어를 사용하는 사람에 따라 전달하려는 메시지도 다 제각각입니다.

주요국에서 감사 기능과 역할은 계속 변화하고 있습니다. 미

---

* 이상 세 문단은 존 번 경, 『공공감사: 성과감사의 역할과 방법론』(김성준 · 전광춘 옮김, 아모르문디, 2024)의 역자 후기에서 따왔습니다.

국 감사원GAO의 경우 2차 세계대전 이전에는 정부지출의 지출 증명서voucher 점검이 주된 활동이었습니다. 이후 정부 사업의 경제성·효율성·효과성 점검과 평가evaluation 쪽으로 기능이 변모해 왔고, 지난 2004년에는 명칭이 'General Accounting Office'에서 'Government Accountability Office'로 변경되었습니다. '재정통제'에서 '정부 책임성'으로 GAO의 무게중심이 바뀐 것을 압축적으로 보여주는 것이지요.

GAO는 2007년 최고감사기구의 성숙도 모델maturity model에서 감사의 발전단계를 5단계로 제시한 바 있습니다.(《그림 7-1》) 이 모델에 따르면, 최고감사기구의 기능은 맨 아래층부터 그 위층으로 차츰 성숙해 갑니다. ① 부패방지, ② 책임성 확보Ensuring Accountability, ③ 3Es(경제성·효율성·효과성)와 윤리성·형평성 증진, ④ 통찰Increasing Insight, ⑤ 예견Facilitating Foresight이라는 5개 층입니다.

요컨대 감사는 다양한 기능을 포함하고 있고 사회의 발전수준에 따라 변화하고 있습니다.

우리나라 민주주의 형성과정에서 전통적 감사는 긍정적 역할을 하였습니다. 정부 내 견제기능을 통해 부패를 약화시키는 역할을 하였으며 우리나라 관료제의 몰인격성을 강화시켜 우리 사회에 관료제 시스템이 빨리 정착할 수 있도록 도왔습니다. 그러나 이제는 관료제가 좀 더 다른 접근과 개념으로 변화

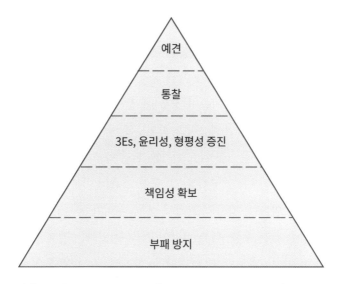

출처 : GAO(2007), "Enhancing performance, accountability and foresight"

〈그림 7-1〉 최고감사기구 성숙도 모델

해야 할 시점이며 감사의 역할도 달라져야 합니다.

예컨대 현재의 직무감찰은 공직자를 지나치게 '엑스 이론 theory X'*으로 바라보고 있어 공공부문의 소극적 행태의 요인으로 지목받고 있습니다. 이제는 감사가 정부 내의 지속적인

---

* 맥그리거(D. McGregor)는 인간 본성을 X형과 Y형으로 구분했습니다. 엑스이론은 "인간은 원래 일하기 싫어하고 일을 회피하려 들며, 보통 지휘받기를 좋아하고 책임을 회피하기를 원하며 야망도 거의 없다"는 가설에 기초합니다.

오차 수정과 학습을 지원하는 기능으로 변화되어야 합니다. 정부가 혁신할 수 있도록 자극을 주는 역할이 되어야 합니다.

민주주의 정부가 결과가 아닌 절차에 의해서 정당성을 인정받을 수 있도록 감사 기능이 정부 내 정책과 사업의 오차를 지속적으로 줄여나가고 학습이 강화되도록 하여야 합니다.

그러기 위해서는 감사는 '건강한 판단'을 지향해야 합니다. 법규만 기계적으로 적용하는 것, 옳고 그름의 이분법적 사고를 경계해야 합니다. 감사의 한계 속에서, 우리가 놓치고 있는 부분, 알 수 없는 부분, 다른 시각이 있을 수 있다는 전제하에서, 정답은 아닐지라도 '합리적 판단'을 지향해가는 수밖에 없습니다. 그러한 합리적인 감사로 기능해야 합니다. 발견되는 문제가 정책의 오차인지 실수, 실패, 오류인지 판단해야 합니다.

5. 공공감사의 미래, 존재의의

오늘날 감사란 외부의 객관적인 시각으로 정부를 바라보는 측면과 내부견제 기능으로 작용하는 두 가지 기능을 함께 가지고 있습니다. 감사원은 중앙부처 등 정부기관의 입장에서는 외부감사로 볼 수 있지만, 국회 등 외부기관이 볼 때는 행정부 내

내부감사로 볼 수 있습니다. 중앙부처의 산하기관에 대한 감사도 두 측면을 함께 가지고 있습니다.

√ 정부와 관료제가 오차를 학습하고 개선하게 한다

선출된 정부가 관료제를 기반으로 정책과 사업을 펼치면서 오차를 통해 학습하고 수정하고 개선하기 위해서는 감사 기능이 제대로 작동되어야만 합니다. 이러한 논리의 연장선에서, 감사는 선출에 의한 정치인과 관료인들 모두에 대한 견제로서 기능해야 합니다. 단기적이고 인기를 염두에 둔 정치인들의 공약을 위한 정책, 기존 관료집단의 기득권과 관행화된 집단사고 등을 감사 기능이 견제해 주어야 합니다.

감사는 정부가 스스로 학습할 수 있도록 끊임없이 문제 제기를 하는 역할이어야 합니다. 선거에 의해 선출된 정부가 국민의 지배 원칙을 지속적으로 유지하면서 정부의 정당성을 확보하기 위해서는 선출 이후에도 정부 내 제도적 장치를 통해 정부의 업무와 정책이 지속적인 학습을 통해 수정과 개선이 이루어져야만 합니다. 그런 체계를 갖추는 것이 중요합니다. 그런 체계가 바로 감사라는 것이지요.

√ 정부의 학습을 지원하고 좋은 질문을 한다

위와 같이 민주주의 국가의 작동과 유지 측면에서 감사 기능에 의미를 부여할 때, 감사제도는 크게 세 가지 측면에서 정부가 지속적으로 정당성을 확보할 수 있도록 지원합니다.

먼저, 정부가 지속적으로 학습할 수 있도록 지원합니다. 감사는 정부의 업무와 정책에 대하여 다양한 정보와 견해를 제시함으로써 정부 스스로 잘못을 깨우치게 할 수 있고, 실패를 최소화하고 오차를 줄일 수 있도록 지원할 수 있습니다.

예컨대 중앙부처는 해당 부처의 관점으로만 접근하여 문제를 해결하려는 경향이 강합니다. 다른 이해관계자들의 관점에서 문제를 바라보는 능력이 다소 부족합니다. 감사는 객관적으로 다수 이해관계자들의 관점에서 정부 또는 해당 기관의 사업들을 살피는 것이 가능하고 다양한 의견을 제시하는 것이 가능합니다. 감사 기능을 통해 정부가 스스로 오차를 수정하고 학습하는 자체 기능을 강화할 수 있습니다.

다음은 우리 사회의 문제를 제기하는 기능을 합니다. 감사가 우리 사회 모든 문제에 해답을 제시하지는 못합니다. 그런 기능도 아닙니다. 감사는 우리 사회 그리고 정부가 해결하고자 하는 문제들에 대하여 그 문제들을 해결이 가능한 문제로 대치, 전환하는 데 기여할 수 있습니다.

문제를 다시 정의하고 새로운 관점으로 진단하며 새롭게 발견하게 하는 것입니다. 이런 측면에서 좋은 감사는 좋은 질문을 하는 것입니다. 정부가 지속적으로 오차를 수정할 수 있도록 생각하게 하는 것입니다.

√ 정보를 검증하고 투명성을 높인다

마지막으로 감사과정에서 정부 내 모든 정보를 살펴보게 되고 이를 통해 투명성을 제고합니다.

정부가 하는 일의 절차적 정당성을 확보하기 위하여 기본적으로 정부 정책 결정 과정은 투명하여야 하고 이를 위해 정부 업무는 적극적으로 공개되어야 합니다. 그러나 모든 정부 업무를 일반 국민에게 공개하고 설명하는 것은 행정비용과 노력이 많이 들고 어려운 과정입니다. 그렇기에 해당 기관과 공직자들도 소극적으로 되기 마련입니다. 따라서 감사를 통해 검증이 이루어지고 정부 업무가 투명해지는 기능으로 작용하는 것입니다.

맺음말 : 좋은 감사를 위하여

1. '감사인'이란 어떤 존재인가?

'사람, 프로세스, 관계' 그리고 '건강한 판단, 지식의 축적, 성숙한 인격'. 이것들을 키워드 삼아 제법 긴 이야기를 끌고 왔습니다.

'감사인'이란 어떤 존재일까요?

이 책은 '좋은 감사'를 위한 고민, 예컨대 감사 오류를 줄이고 감사품질을 높이기 위한 고민을 담고 있습니다. 하지만 감사의 오류 가능성은 끝까지 남습니다. 그렇기에, 저희 필자들은 '자기가 틀릴 수 있음을 인정하는 사람', '그 한계를 인식하는 사람', '그럼에도 합리적으로 판단하고자 하는 사람'이 바로 저희가 그려보는 '공공감사의 감사인'이라고 감히 강조점을 찍어두고 싶습니다.

공공감사, 그리고 행정의 실무 현장에서 자신의 판단을 확신하기 어려운 경우가 많습니다. '정답'을 아예 기대하기 어렵거나, '균형점' 같은 것이 보일 듯 말 듯한 경우가 많습니다.

그러나 답을 찾아가는 '과정'은 있지 않을까요? 저희 필자들은 '정답'은 없더라도 답을 찾아가는 '과정'은 있을 것이라는 조심스러운 믿음을 품고 있습니다.

요컨대, '메타 질문'을 하자는 것입니다. '감사를 어떻게 할 것이냐'('이것이 좋은 감사이다')에서 '(감사를 어떻게 할 것인지, 좋은 감사가 무엇인지) 그것을 어떻게 결정할 것이냐'는 질문으로 넘어가 보자는 것입니다.

이 책에서 제안하는 '키워드-프레임'이 감사가 무엇인지, 감사인이 어떤 존재인지 고민하는 데 자그마한 팁이라도 되길 기대해 봅니다.

2. 감사의 '철학'을 묻다

혹시 마르쿠스 가브리엘Markus Gabriel이란 학자를 좋아하시나요? 1980년생인 가브리엘은 2009년 스물여덟의 젊은 나이에 독일 본Bonn 대학교 철학과 석좌교수에 오른 사람입니다.

국내에는 『왜 세계는 존재하지 않는가』, 『나는 뇌가 아니다』, 『생각이란 무엇인가』 등 일반인을 독자로 삼은 철학서가 번역되어 있습니다. 그리고 『왜 세계사의 시간은 거꾸로 흐르는가』 등 주로 일본의 오노 가즈모토大野和基라는 분이 가브리엘과 나눈 대담을 정리한 책이 서너 권 번역되어 있습니다.

저희 필자들은 요즘 가브리엘에 마음을 주고 있습니다. 저희 가운데 한 사람은 가브리엘이 '우리를 구원하리라'는 직감에 이끌린다고 합니다.

가브리엘을 읽으면서 저희의 위치를 깨닫습니다. '포스트모더니즘의 회의주의 버전, 구성주의'.

저희가 그동안 읽어왔던 책들, 감사원 생활에서 겪어온 판단에 대한 망설임과 중압감, 그리고 '편협해서는 안 된다, 틀릴 수 있다는 가능성을 열어두라'는 나름의 깨달음. 때로는 아픔으로, 때로는 다짐으로 가슴에 새기려 했던 깨달음이지요. 그런 깨달음이, 너무 큰 실수는 하지 않게끔 그나마 저희를 지켜주었겠지요. 하지만 가브리엘을 읽으면서, 이런 것들이 포스트모더니즘의 회의주의 버전, 구성주의의 시선이었구나 하는 생각에 부딪힙니다.*

---

* 그렇다고 '그런 깨달음'이 잘못이었다는 뜻은 아닙니다. 포스트모더니즘, 구성주의, 뭐라고 부르던, 저희가 거기에서 '편협해서는 안 된다, 틀릴 수 있다는

예리한 독자분은 저희가 '공공감사는 사람, 프로세스, 관계다'라고 주장할 때, 난데없이 개념도를 그려낼 때, 특히 그 개념도가 칸트 철학 입문서 어디서 본 듯할 때,* 또 저희가 '정답이 없는 시대'라며 우울한 목소리를 낼 때, 아마도 그런 낌새를 알아채셨을 것입니다.

가브리엘은 실재하는 것, 예컨대 유리컵은 ① 유리컵, ② 나의 유리컵에 대한 시점, ③ 당신의 유리컵에 대한 시점이 '교차하는 것'이라고 합니다. 그리고 시점에는 좋은 것도 있고 나쁜 것도 있습니다. 유리컵에 대한 나의 지각이 당신의 지각보다 부정확할 수 있습니다. 그러나 여전히 나는 유리컵에 대한 시점을 갖고 있으며 나의 시점은 실재적이라고 합니다.

저희 필자들은 이렇게 읽고 있습니다. 가브리엘의 '신실재론 New Realism'이 포스트모더니즘이나 구성주의와 결정적으로 다른 점은 가브리엘이 '보편적 가치'를 믿는다는 것이라고요. 시점이 교차하는 곳에 '보편적인 것'이 있다는 믿음 말입니다. '없다', '알 수 없다'가 아니라 '있다'는 것이지요.

가능성을 열어두라'는 메시지를 받았다면, 저희는 큰 빚을 지고 있는 것이지요. 앞으로도 그쪽 책을 더 읽고 더 배워야겠지요. 그럼에도 '회의주의 버전'이라며 토를 다는 것은, 저희의 '무기력증'을 고백할 수밖에 없기 때문입니다.
* 이 책의 개념도는 서울대학교 김상환 교수의 『왜 칸트인가』(21세기북스, 2019)에서 영감을 얻었습니다.

가브리엘을 통해 저희의 작업과 이 책을 돌아봅니다. 정확히 포스트모더니즘의 회의주의 버전, 구성주의 틀에서 진행된 책입니다. 그러고서는 '정답은 없다'고, 다만 '고민과 관점'이 있을 뿐이라고 쓰고 있습니다. 그렇게 쓰고 말았습니다. 힘이 딸렸습니다.

3. '의무'로서의 감사, 새로 시작하는 감사

가브리엘을 읽으면서 공공감사의 '보편적 가치'를 생각해 봅니다. 공공감사의 '판단기준'으로 보았던 것들, 예컨대 합규성, 3E(경제성 · 효율성 · 효과성) 같은 것들이 어쩌면 '보편적 가치'이겠구나 하는 생각도 해봅니다.

공공감사는 '확인'하는 것입니다. 문제점을 확인하는 것보다 '더 넓은 의미에서의 확인'입니다. 사실관계와 그 결과 · 영향을 확인하는 것입니다. 그리고 감사인이 그러한 확인에 대해 책임을 끌어안는 것입니다.

출발점, 전제부터 바꿔야 한다는 생각입니다. 감사인의 '언어'부터 바꾸어야 합니다. 예컨대 '대상기관'이라는 말은 얼마나 폭력적인지요. 감사를 받는 기관을 '대상'으로, '사물'로 규정한다는 것이니 얼마나 무서운 말인지요. '감사계획'은 감사를 받는 기관을 '적'으로, '악'으로 규정하는 과정이 되곤 합니다. 마치 '전쟁'의 결의를 다지는 것처럼요.

'대상기관'이라는 말은 어쨌든 버려야 합니다. 예컨대 '상대
기관'이 더 낫습니다. 감사를 받는 기관이 여럿이라면, 감사라
는 프로젝트, 감사를 하는 기관과 받는 기관이 함께 진행하는
프로젝트라는 관점에서 '참여기관'으로 부를 수도 있겠지요.

감사계획을 세우면서 두었던 의심, 실무적으로는 '예상문제
점', '감사 중점', 이런 것들은 기어이 달성해야 할 목표가 되어
서는 안 됩니다. 그것들은 절대적 목표가 아니라 일종의 경유
지, 체크포인트에 그쳐야 합니다. 의심한 대로 문제점이 나오
지 않았다고 감사인이 패배감을 느낀다거나 질책받아서는 안
됩니다. '확인한 그대로' 문서화할 수 있게끔 하고, 그것이 감
사보고서의 목표와 형식이 되어야 합니다. 예컨대 이런 의심을
확인했더니 관계기관에서는 이러저러한 시스템을 두고 있어서
괜찮더라, 이런 점은 좋더라, 이런 점은 가능성을 두고 보완해
야겠더라…는 감사보고서가 '감사를 바꿀 수 있을 것'입니다.

가브리엘을 읽으면서 공공감사의 '철학', '보편적 가치'에 대
해 적어도 저희 필자들의 '실재론적 고백'은 적어볼 수 있겠다
는 생각을 해봅니다. 이 책은 회의주의와 구성주의의 얄팍한
버전. 그래도 희망을 적어두고 싶습니다. 좋은 감사를 위하여.

참고문헌

김영평, 『불확실성과 정책의 정당성』(고려대학교 출판부, 1995)

손창동·김찬수, 『공공감사론』(박영사, 2023)

한배호·어수영, 『한국정치문화』(법문사, 1987)

사공영호, 『이익집단의 형성 및 분열요인과 정책과정』(한국정책학회보 13권 3호, 2004)

유승현·조형석, 『감사인력 역량모델 고도화 및 역량진단 연구』(감사연구원, 2021)

유희상, 『행정이념과 감사원의 역할에 대한 연구: 감사결과보고서 분석을 중심으로』(고려대학교 대학원, 2020)

이혜승, 『공공감사의 수용성 제고방안: 협력적 거버넌스를 중심으로』(감사연구원, 2010)

장수찬, 『신생민주주의의 사회적 함정: 엘리트 계급의 부패와 사회적 신뢰구축의 실패』(세계지역연구논총 제26권 제3호, 2008)

Aron Wildavsky, *Speaking Truth to Power: The Art and Craft of Policy Analysis* (1979)

Daron Acemoglu and James Robinson, *Why Nations Fail: The Origins of Power, Prosperity, and Poverty* (2012), 『국가는 왜 실패하는가』 (최완규 옮김, 시공사, 2012)

John Bourn, *Public Sector Auditing-Is it value for money?* (2007), 『공공감사: 성과감사의 역할과 방법론』(김성준·전광춘 옮김, 아모르문디, 2024)

Joseph Schumpeter, *Capitalism Socialism and Democracy* (1942), 『자본주의 사회주의 민주주의』 (변상진 옮김, 한길사, 2011)

Michael Power, *The Audit Explosion* (1994)

INTOSAI, *Competency Framework for Public Sector Audit Professionals at Supreme Audit Institutions* (2019)

――, *Guidance on Supreme Audit Institutions' Engagement with Stakeholders* (2017)

――, *Strategic Management Handbook for Supreme Audit Institutions* (2020)

Martin Landau, *The Place of Policy Analysis in the Political Science: Five Perspectives* (*American Journal of Political Science* Vol.21 No.2, 1977)